航空・貨物の謎と不思議

東京堂出版

はじめに

成田空港など主要空港では、旅客ターミナルとは別のエリアに、窓のない大型航空機が駐機している光景を見かける。なかにはカーフェリーのように先頭部の大きな蓋を開けて貨物の出し入れを行っている機体もある。これが貨物専用機と呼ばれる機体である。地方空港では見かけることはほとんどなく、主要な国際空港でしかなじみのない機体である。

現在、日本の空港で、こういった貨物専用機が発着しているのは、成田国際空港、東京国際空港（羽田）、中部国際空港、小松空港、関西国際空港、北九州空港、那覇空港に限られている。

過去には日本の国内でも貨物専用便が運航された時期があったが、現在、日本を発着する貨物専用機はすべてが国際便で、日本国内のみを運航する貨物専用便はなくなっている（国際便に接続させたり、国際線が国内の空港に寄港したりする便はある）。

航空貨物は貨物専用機だけで運ばれているわけではなく、多くの航空貨物は旅客便でも運ばれている。旅客便は貨物専用便に比べて便数が多いので、輸送している貨物量となると、実は旅客便で運ばれている量はかなりの数字になる。近年の旅客機は床下の貨物室が大きくなったという事情もある。

旅客と違って自らが動くことがない貨物には、航空旅客需要とは異なった仕組みも多々ある。近年の航空貨物は、貨物航空会社自らが集荷や通関手続きなどまで行う会社から、貨物航空会社は物を輸送するだけで、集荷や通関などは別組織が行う仕組みになっているケースなど、多様化が進んでいる。旅客同様に貨物でも「ハブ&スポーク」の運航で輸送量を稼いでいる航空会社もある。
本書では、普段あまり日の当たらない航空における貨物輸送を、機体面、物流面、そして旅客便との兼ね合いなどの観点から、あまり専門的内容に偏ることなくスポットを当ててみたい。

◇　◇

本書執筆に当たっては、編集、並びに取材の手配をしていただいた株式会社東京堂出版の太田基樹氏、また、成田国際空港、ANAカーゴ、近鉄エクスプレス、マレーシア航空ほか、日本に発着する貨物便を運航する航空会社、それに付帯する多くの事業者の方々に多大な協力を得て執筆に臨みました。第4章のルート表は、航空各社への調査、刊行物、ネット類を参考に作成していますが、物流動向によってのルート変更などが多くなっていることもはじめに申しあげておきたいと思います。

2016年11月

谷川　一巳

航空・貨物の謎と不思議●目次●

第1章

航空貨物便は このように飛んでいる

日本で唯一ジャンボ・フレイターを運航する日本貨物航空の747-8F（成田国際空港）

謎001

旅客便の床下でも貨物は運ばれる

貨物専用機で運ばれているものだけが航空貨物ではない

航空貨物は、そのすべてが貨物専用機で運ばれるのではなく、旅客便でも運ばれている。貨物専用機では大きな貨物室を有しているので、大きなものを運ぶことができるが、旅客便の床下にも貨物室があり、貨物専用便より旅客便のほうが便数は格段に多いため、一度に運べる貨物量は少ないものの、航空貨物全体に占める旅客便で運ばれている貨物量は多い。

旅客便で運ばれているのは乗客の手荷物と思われがちだが、実は床下のスペースは広く、とくにワイドボディ機（客室に通路が2列ある機体）の床下スペースには、貨物を収納したコンテナや貨物を載せたパレットが多く積まれている。

「貨物機」は貨物専用機を指すが、「航空貨物」は航空で運ぶ貨物全体を指し、貨物専用機で運航する便をFreighter《フレイター》便、またはCargo《カーゴ》便、旅客便に積む貨物をBelly《ベリー》便という。「ベリー」とは「腹」という意味で、旅客機の貨物室は床下にあり、航空機の「腹」の部分にあるための表現である。

しかし、貨物が運ばれるのが貨物専用便と旅客便の床下だけということではない。その中間的な機体もある。機数は少ないものの、旅客・貨物混載型という機体もある。通常、旅客機の貨物室は客室の床下のみであるが、機体の60％ほどが客室、残り40％ほどが貨物室という機体も少ないながら

図1-1　貨物機は貨物を運ぶための専用の機体（成田国際空港）

存在し、こういった機体をコンビ機（Combination）と呼び、代表的な例としては７４７ジャンボ機にこのような機体がある。

日本路線でも運航されていて、現在でも韓国のアシアナ航空のコンビ機が成田へ飛んでいる。この機体は旅客機ながら後部に大きな貨物ドア（Side Cargo Door）がある。

貨物専用機やコンビ機の場合、機体断面を有効に使った貨物室とするため、たくさんの貨物が積めるだけでなく、大きなものをそのまま積むことができる。その大きなものを搬入するために、サイド・カーゴ・ドアを装備し、当初から貨物専用機として生まれた７４７では、ノーズ・カーゴ・ドア（Nose Cargo Door）も有している。機体の鼻の部分にドアがあるための表現である。

通常、旅客機の床下に収納できるのは高さが１６０センチ以内のものに限られるので、それ以上の高さがあるもの、もしくは長いものは貨物専用機で運ぶこととなる。

旅客機、貨物専用機、貨客混載機のほかに、旅客専用、貨物専用、貨客混載のどれにでも対応できる機体もあり、旅客機であるのに、貨物機に簡単に転用できる機体もある。こういった機体はC型(Convertible)、QC(Quick Change)の機体などといい、貨物機に転用した場合のサイド・カーゴ・ドアを有していることから、スペックとして「SCD」などと表される。

近年多くなったのは、旅客機として使命を終えた機体の貨物機への改造である。エンジンが4発の747、エンジンが3発のMD－11などでこういった例が多くなっている。機体としてはまだ使えるものの、旅客機には燃費のいい新型機が続々と登場しているため、旅客便は低燃費の機体に置き変え、エンジンが3発、4発の機体は、少々燃費が悪くても重い重量で離陸でき、重い貨物を運べる貨物機として使おうという動きである。


こういった旅客機を貨物機に改造することが多くなっているため、旅客機として誕生したときから、将来は貨物機に改造されることを見込んで、ボーイングなどの機体メーカーが貨物機への改造プログラムを用意することも多くなった。

前述のQCの機体と旅客機改造の貨物機はどこが違うかというと、通常、旅客機を貨物機に改造すると、それを再び旅客機に再改造することはない。しかし、QCの機体は、需要によって変えることができるという違いがある。ただし、実際の運用としてはQCの機体は世界でも数少ないのが現状である。

さまざまなタイプの機体を紹介したが、航空貨物の多くは貨物専用便と旅客便、とくにワイドボディ機による旅客便の床下で運ばれており、貨物専用機の約半数近くは新造機ではなく、旅客機としての使命を終えた機体が貨物機に改造されて使われているのである。

図1-2　旅客機の床下でも貨物は運ばれる（成田国際空港）

図1-3　コンビ機と呼ばれる貨客混載機は機体後方が貨物室になっている（成田国際空港）

謎002

貨物機の構造はどうなっているのだろうか

ボーイングやエアバスと旧ソ連製ではつくりがまったく違う

貨物機にはいくつかのパターンがある。

たとえば747ジャンボ機の貨物専用機のように、旅客機として開発された機体の派生形のひとつとしての貨物バージョンだ。それに対し、旧ソ連製のイリューシンIL-76キャンデッドのように、軍民両用の輸送機として開発された機体がある。

大きな違いは、前者は同じ機体に旅客バージョンと貨物バージョンがあり、後者には旅客バージョンはないことである。人を運ぶために開発した機体を貨物用にするのと、もともと物を運ぶために開発された機体とでは構造がかなり異なる。

そして、世界を飛んでいる定期貨物便は、前者によって運航され、後者はおもに特大の貨物を運ぶときにチャーター便として運航される。そこで、それぞれの機体構造を探ってみよう。

まず、ボーイングやエアバスなどの旅客機として開発された機体の貨物バージョンはどうなっているだろうか。

旅客機では、機体前方からファーストクラス、ビジネスクラス、後部にエコノミークラスなどと配置されているが、貨物室にもいくつかの区分けがある。旅客機同様に貨物専用機であっても「床上」「床下」という概念があり、同じ機体であれば、旅客バージョンでも貨物バージョンでも床の位置は同じである。旅客機であっても貨物専用機であっても、床下は貨物室、そして、床上に旅客を乗せているのが旅客機、貨物を載せているのが貨物機となる。旅客機は床上に座席があり、そこに客を乗せ、天井までの空間はオーバーヘッドビン（荷物収納の棚）くらいしかないが、貨物機であれば、その大きな空間にも貨物がぎっしり積める。

床下は「機体前方」「機体後方」「バルク」と3つのセクションに分けていい表す。機体前方と機体後方は大きな空間であり、ワイドボディ機ではコンテナが収容できる。「バルク」とは後方の機体がすぼまった部分をいい、この空間にはコンテナなどは積めないので、バラ積みとなる。床上には機体前方、機体後方の区別がないのに、床下の場合は機体前方と機体後方が分かれているのは、床下部分は主翼が中央にあり、貨物室が前部と後部に分かれているからで、床下中央は燃料タンクや、機体によっては車輪が収納されている。

旅客機にはナローボディ機（客室通路が1列の機体）とワイドボディ機（客室通路が2列の機体）があり、当然ワイドボディ機のほうが太い機体断面を持つので、コンテナやパレットなどでの貨物輸送が中心となる。

対するナローボディ機では機体断面が小さく、乗客の手荷物や小型の貨物のバラ積み程度となるが、エアバスのA320ファミリー（A318は除く）のように、ナローボディ機でも小型のコンテナやパレットを収納できる構造になっている機体もある。

ただし、一般的に旅客便で貨物輸送を行っているのはワイドボディ機であり、ナローボディ機では貨物スペースが小さく、乗客の手荷物プラスα程度である。しかし、逆のいい方をすれば、ワイドボディ機で運航する旅客便は、貨物輸送でも重要な役割を果たしている。旅客機の性能が向上した現在は、旅客機には多くの乗客と多くの貨物を搭載して長距離を飛ぶことができる。

たとえば、日本航空は経営破綻以降、貨物専用機の運航を行わなくなった。しかし、それでも日本航空は多くの貨物輸送を行っており、空港では「JALCARGO」の記載のある貨物コンテナなどを目にする。その理由として、旅客機の床下だけでも、多くの貨物を運べるようになったという事情がある。

同じ旅客機であっても、ナローボディ機は貨物輸送にそれほど貢献していない。たとえば、ボーイング機材でもっとも多く運航されている737は世界で1万3000機以上が売れているが、この機体には貨物コンテナなどを収納することができず、床下で運んでいるのは乗客の手荷物程度となる。

現在多くなったLCC（Low Cost Carrier ＝格安航空会社）もほとんど貨物輸送を行っていない。A320はナローボディ機にもかかわらず、小型コンテナや小型パレットが収納できることは前述したが、機体がコンテナやパレットを収納できて貨物輸送ができるかどうかと、実際に旅客以外に貨物も輸送するかどうかは別次元の問題である。

ナローボディ機しか発着しない地方ローカル空港では、コンテナなどを扱うことは少ない。バラ積み程度で扱える貨物なら、機体に横付けできるベルトコンベアがあれば対応でき、その程度の設備は、乗客の手荷物の出し入れに必要なのでローカル空港でも用意されている。しかし、コンテナなどを扱うには、カーゴローダーと呼ばれるコンテナを機体に出し入れさせる専用車両が必要になるが、このような地上支援設備はすべての空港にそろえられているとは限らないからだ。

LCCは、日本でもA320を使って運航している会社が多いが、一般的には貨物輸送は行っていない。貨物営業部門を持たないという理由もあるが、LCCは折り返し時間を短くして機体効率を高めて運賃を安く抑えるという構図があるため、出し入れに時間を要する貨物は扱わないというのがスタンダードである。

貨物の積み方もさまざまで、バラ積みとは貨物をそのまま積むもの、コンテナとは貨物を入れるアルミ合金製の箱、パレットは台に貨物を載せ、上からシートなどをかぶせる積みかたである。

コンテナというと、貨物列車で運ばれるものや、海上コンテナ船で運ばれる頑丈な鉄の塊といった箱を思い浮かべるが、航空貨物で使われるコンテナにとってもっとも重要なのは軽量であることになるので、アルミ合金製で、貨物列車のコンテナなどと比べると弱々しい印象の箱である。コンテナの大きさも大人と幼児ほどの差があるのも確かだ。立方体や直方体ではなく、下方の一部分が斜めにカットされていたり、上方が丸みを帯びたりしているのは、丸い機体の断面にむだなく収納させるためである。

日本発着の航空便では、国内線と国際線ではスタンダードが異なり、国内貨物はおもにコンテナに収納されて運ばれていて、その一部は宅配便業者などに割り当てられている。国際線ではコンテナに収納されているのはおもに乗客の手荷物で、貨物輸送はパレットに積まれることが多い。その理由として、コンテナのほうが出し入れが容易なので、国内線では機体の折り返し時間などを短くするためにコンテナが多用される。国際線では機内清掃、機内食の出し入れなどに時間を要するので、貨物輸送に関しても、少々時間がかかっても大きなサイズのものなどを積むのに融通の利くパレットが多く使われている。

次に、東西冷戦時代、旧ソ連で開発された貨物機は、ボーイングやエアバスの貨物機とは構造がまったく異なる。東西冷戦時代というと遠い昔にも思えるが、その時代に特大の輸送機が開発され、現在もその大きさゆえに重宝されているのである。

旧ソ連の貨物機は、軍民兼用の輸送機として生まれているので構造がかなり違う。旅客機バージョンがなく、旅客機でいう床に相当するものがないので、床上、床下という概念もない。そのため機体内部の空間が大きく、大きなものをそのまま運ぶことができる。旅客機の貨物バージョンでは、その機体で戦車を運ぶことなどは想定していないが、軍民兼用の輸送機ではそのような需要も考えている。

航空機としての機体構造もかなり異なり、旧ソ連製の輸送機は軍用機の仲間となるので、ほとんどが高翼機である。高翼とは機体の上部に主翼が付いている機体である。13ページで、床下の貨物室が主翼によって前部と後部に分断されていると記したが、これは低翼機独特のもので、高翼機であればこのスペースが分断されることがなく、大きなまとまった容積が得られる。車輪は機体から飛び出したポッドと呼ばれるスペースに収納されている。こうすることによって、貨物室に出っ張りなどがなく大きな空間が確保できる。

貨物の出し入れ方法も旅客機の派生形の貨物機や旅客機の床下と、軍民両用の輸送機ではまったく異なる。前者の場合は貨物の出し入れ専用のカーゴローダーなどによって行い、そういった地上支援設備のある空港でしかコンテナやパレットの出し入れができない。

しかし、軍民兼用の輸送機では、ぱっくり開いた機体などから、フォークリフトが機内に入って貨物を運び出すなどの方法が採られる。大きな機体では機体前後に貨物ドアがあり、機体前方から載せて、機体後方から降ろすことも可能で、機体に走路やクレーン設備がある機体もある。軍用ということで考えると、空港側に何の受け入れ設備がなくても、すべての作業が機体だけでできなければ意味がないからだ。同じ貨物機であっても設計がまったく異なるのである。

図2-1　旅客機として開発された機体の貨物専用機バージョンのボーイング747-400F（上）と、軍民兼用の輸送機として開発された機体のイリューシン IL-76キャンデッド（下）では機体構造がまったく異なる（成田国際空港）

謎003 床面高さの工夫で貨物スペースをつくる

旅客機も貨物輸送に対応することでスペックが大きく変わる

旅客機開発を振り返ると、大きさ、航続距離、燃費、低騒音化を中心に発達しているが、旅客機でありながら、貨物輸送能力も大きなウエイトとなって関わっている。貨物をどのくらい運べるかということが常に大きな課題であり、そのことが旅客機の売れ行きを左右していることもある。

旅客機の発達を簡単に振り返ると、実質的な初代ジェット旅客機はボーイング707にはじまる。実際はその以前にイギリスが開発したデ・ハビランドDHC．106コメットが世界初のジェット旅客機であったが、パイオニアゆえの事故から短命に終わる。ボーイングは707に続き、720、727、737と開発するが、いずれもナローボディ機で、床下には乗客の手荷物を積み、残ったスペースに貨物も積めるといった程度であった。

世界初のワイドボディ機だった747ジャンボ機就航は1970年である。床下スペースは格段に広くなり、乗客の手荷物を収納しても、まだまだ貨物が積める余裕があった。747の就航は「空の大量輸送時代の到来」といわれ、貨物についても大量輸送が可能になった。747就航までは、大型輸送機は軍用にしか存在しなかった。それまでもヘリコプターや戦車も運べる輸送機は存在したが、民間・商用ではそのような需要はない。人間でも空の旅は特別扱いされていた時代なので、貨物は陸路か海路が常識だった。

７４７の登場で、航空貨物はコンテナやパレットに収納されて運ばれるようになる。旅客と貨物の大きな違いは、旅客は乗り継ぎ時に歩いて別の飛行機に乗り換えられるが、貨物はそうはいかない。そこで機体への出し入れが容易なコンテナなどを使う。コンテナはコンテナごと別の機体へ収納できることが前提で、７４７以降に登場するワイドボディ機では、７４７に搭載するのと同じサイズのコンテナULD－３（ULD = Unit Load Devices）を収納できる貨物室を確保することを基本にしている。乗り継ぎ空港で、機体が変わるからといって異なる大きさの別のコンテナへと積み替えたのではあまりに効率が悪い。

現在の二大航空機メーカーはアメリカのボーイングとヨーロッパのエアバスで、勢力は拮抗しているが、エアバス最初の機体A３００就航は１９７４年と、７４７登場よりも後である。エアバスは現在でこそ世界をリードする航空機メーカーだが、ボーイングに比べ歴史は浅い。それまでヨーロッパの旅客機は、世界初のジェット旅客機コメット、音速の２倍で飛ぶ超音速旅客機コンコルド、ともに革新的技術であったものの、旅客機ビジネスとしては成功していない。

そこでA３００は革新性より現実的な低燃費、汎用性を重視し、派生形ではコンピュータを多用、それまで３人いたコクピットクルーを２人乗務にした最初の機体となった。こうしてA３００の成功により、エアバスの後の機体へと技術が継承され、旅客機シェアをボーイングと二分できるようになった。

そして、A３００は貨物輸送にも重点を置いた設計であった。７４７は最大で５００席以上の大型機であるのに対し、A３００は３００席を目指した機体だったので「A３００」と名付けられている。この数字からも機体の大きさに差があるが、A３００では７４７に積むのと同じ貨物コンテナ

ULD－3が収納できるよう設計された。

　A300と747では胴体断面の大きさがかなり異なるのに、どうして同じ大きさのコンテナが収納できるのだろうか。通常、旅客機では胴体断面のもっとも横幅の広い部分が客室の中心となるようにし、それを基に床の高さが決められるが、A300では、客室の中心をやや上方にずらし、床の高さを高くすることで、胴体断面のもっとも横幅の広い部分を貨物室上部になるようにした。こうして747に積んでいるのと同じ大きさの貨物コンテナ収納を果たしたのである。

　つまりA300は客室をやや犠牲にして貨物スペースを捻出したのである。A300の窓側に座ると壁が迫ってくる印象もあり、それにはこういった理由がある。A300は、当初はヨーロッパ内で運航することを前提にし、エアバス側も世界制覇できるとは思っておらず、アメリカの航空機メーカーが独占状態にある中で、ヨーロッパ内だけでもヨーロッパ製の機体を運航したいという思いがあった。

　しかし、現在では当たり前になったが、双発エンジンなのにワイドボディという経済性、貨物輸送においても747と同じコンテナを運べるということから、A300は世界中で運航されるようになる。その胴体設計は後のA310、A330、A340にも受け継がれていき、エアバスワイドボディ機の共通仕様となっていくのである。

　そういう意味ではエアバスの当初の機体は、ボーイングの機体をかなり意識して開発されたことになる。そしてこの胴体断面は現在も製造中のA330にも受け継がれているので、客室がやや上方にあるという感覚はA330でも同じである。このことは機体に搭乗しなくても外からも感じることができ、A300、A310、A330、A340では、客室窓がやや上を向いていて、外観からも客室がやや上部にあることが分かる。

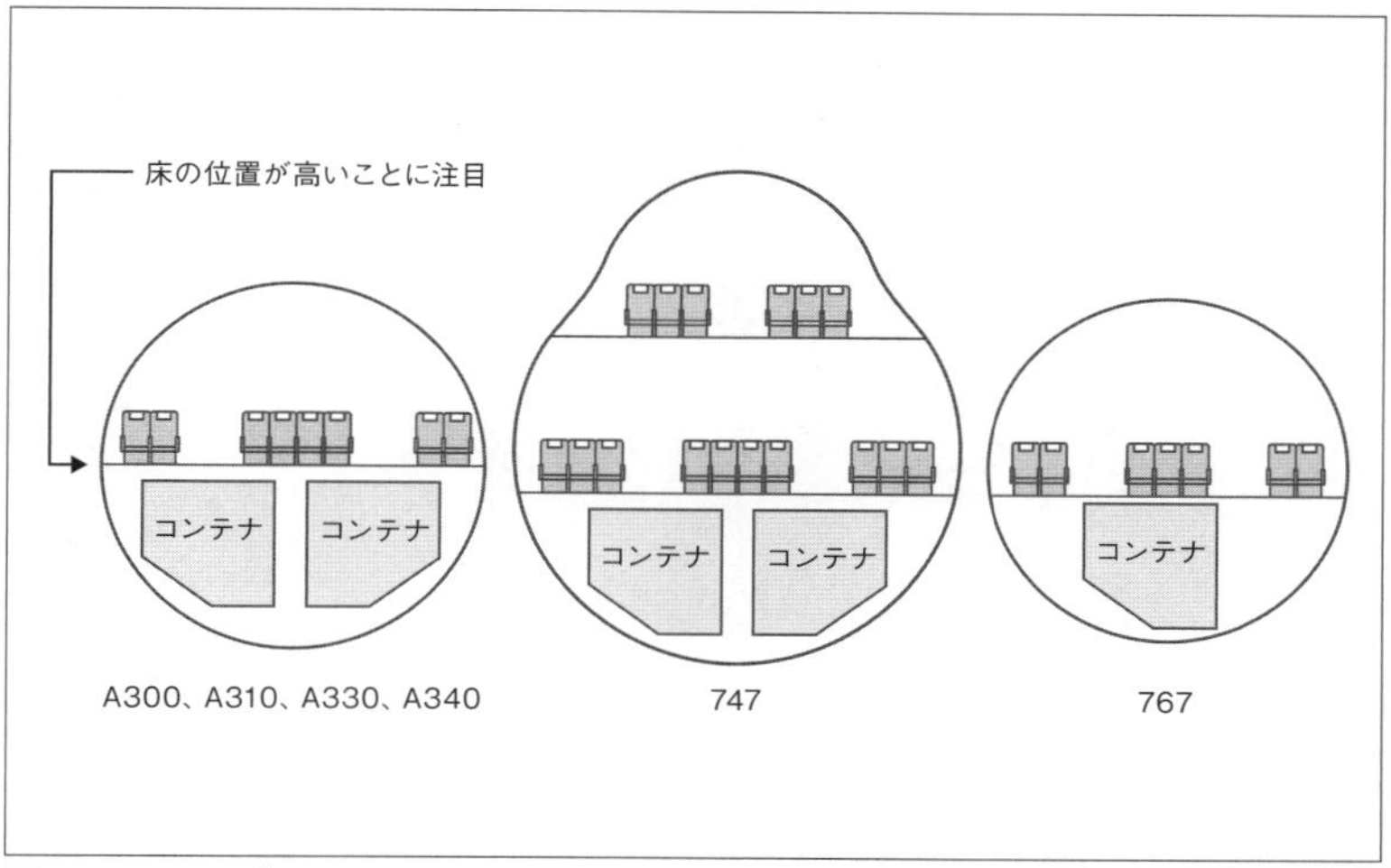

図3-1　A300などのエアバスのワイドボディ機、747、767の胴体断面。コンテナの大きさは同じ（概念図）

図3-2　A300の機体は747と同じ貨物コンテナを乗せるため客室が機体のやや上方に設置され、客室窓がやや上を向いている（青森空港）

謎004

767がセミワイドボディ機といわれる理由

旅客の快適性重視の機体は貨物では不利な条件に

同じような機体に思われがちな複数の機種が、実は開発過程はかなり異なるという例がある。しかもその違いに貨物輸送が大きく関わっていることがあった。

747ジャンボ機を開発したアメリカのボーイングが手掛けた最初の双発ワイドボディ機は767であった。旅客型として考えれば767とA300はサイズや性能的にライバル機となるのだが、その設計思想はかなり異なる。A300が計画段階から貨物輸送を重視していたのに対し、767はあくまで旅客機なのだからと、旅客重視の設計がされた。

767はエコノミークラスのアブレスト（横の座席配置）が2－3－2というところから設計がはじまっている。2－3－2配置にすることで、7人に6人、つまり86％の乗客が窓側か通路側に座れる計算になる。

LCCなどという言葉がなかった当時では、航空機の搭乗率が86％を超えるのはかなりの繁忙期とされていたので、2－3－2配置にすることで「航空機を1人で利用して3人席の真中になることはまずない」ということを基に胴体直径などが決められたのである。

当時、ボーイングの747が成功したことから、ダグラスのDC－10、ロッキードのL－1011トライスターなども登場、機体の大型化が進み、エコノミークラスにおいては、機体中央の窓側でも通路側でもない窮屈な座席が増えていることがアメリカで社会問題になっていたのである。当時、アメリカでは日本とは比べ物にならないくらい航空機は大衆の足であった。

このように７６７では乗客の快適性第一の設計が貫かれた結果、通路が２列あるワイドボディ機であるにもかかわらず、貨物室は小ぶりとなり、７４７で使われている貨物コンテナＵＬＤ－３を横に２個並べて積むことはできない大きさとなった。多少、貨物を犠牲にした設計となっても旅客の居住性第一という機体なのである。

現在でこそ７６７は１０００機以上を販売したベストセラー機であるが、開発当初の売れ行きは芳しいものではなく、その大きな理由が、旅客の快適性を重んじた結果、貨物輸送の効率が低いということがあった。その後も貨物輸送面での使い勝手は変わっていないが、７６７は後に長距離型の性能が充実したために受注数を増やしたのである。

そのため、この７６７の１機種に関しては、通路が２列あるワイドボディ機であるものの、貨物業界を中心に「セミワイドボディ機」と呼ばれることが多い。「セミワイド」の「セミ」は「ワイドボディ機の中では小ぶりとなる」という意味ではなく、貨物室のサイズを指している。

一般にＡ３００と７６７は、双発中型ワイドボディジェット機として、同じような機種として比較されることが多いが、貨物輸送の面からすると、かなり主旨の違った機体である。

双発ワイドボディ機であるＡ３００、７６７それぞれに誕生の経緯がある。Ａ３００の設計思想は後のＡ３３０、Ａ３４０に受け継がれ、Ａ３３０は現在も生産されている機体であり、胴体直径などの基本部分は変わっていない。

７６７は現在も生産は終わっていないものの、

後継機として787ドリームライナーが登場していて、現在の受注の多くは787であり、いずれ767は生産を終えるであろう。現在生産されている767は、おもに787にはない貨物型が中心になっている。

787は後継機というものの767とは設計思想がかなり異なる。787は胴体が金属ではなく炭素繊維複合材、簡単にいえばプラスチック製で、軽い機体に燃費のいい強力なエンジンを装備し、短距離から長距離までをこなす中型機であり、経済性に飛んだ機体である。

767では、エコノミークラスのアブレストが7列だったのに対し、787では8列か9列で、実際にはほとんどの航空会社が9列を採用していて、利用者から見れば窮屈な機体となった。胴体は767に比べてずんぐりむっくりで、A300同様に、中型機ながらジャンボ機に積むのと同じ貨物コンテナULD－3を横に2個並べて積むこ

図4-1　767ではA300とは異なり、機体中央に窓がある（成田国際空港）

とができる。乗客も貨物も多く運べて燃費もいいとなれば航空会社にとっては都合のいい機体である。

しかし、乗客からすれば、７６７に比べて窮屈な機体であることは事実である。最新の７８７は、まさに時代が生んだ機体といえると同時に、７８７は確かに窓が大きさ、機体が複合材なので頑丈で気圧を高くでき、錆の心配が少なく、その分湿度を上げられるなどの快適性はあるものの、１人あたりのスペースでいえば７６７のほうが快適である。新機材だからといってすべての面で従来の機体よりも優れているとは限らない。

ボーイングもエアバスも、多くの新型機材を開発しているが、「セミワイドボディ機」と呼ばれる機体は、今後新たに現れる可能性はないであろう。７６７が計画された当時と比べると、航空業界は厳しい競争にさらされていて、かつてより経済性や効率性が優先されているのである。

図4-2　767は横７列に対して通路が２列あるので、人口密度が低く居住性第一の機体であるが、貨物輸送の面ではA300ほど優れた性能ではなかった（ANA機機内）

謎005

737とA320では貨物輸送に大きな差

737は手積み、A320はコンテナ

ボーイングとエアバスは旅客機開発においてライバル同士で、片方がある機種を開発すれば、他方は必ずといっていいほど対抗機を開発し、競合関係となる。しかし、ライバル機であっても767とA300は貨物輸送において性能にかなりの差があることは前項で述べたが、同じような例はほかにもある。世界でもっとも必要とされている100~200席程度の小型機といわれる旅客機も、ボーイングとエアバスではずいぶん使い勝手が異なるのだ。

ほぼ同じ用途と思われているボーイングとエアバスの機体が、貨物輸送の面では大きく違うという例はほかにもある。ボーイングの737とエアバスのA320ファミリーである。エアバスA320ファミリーとは、A320（基本型）、A319（機体が短い）、A318（さらに機体が短い）、A321（機体が長い）の総称で、定員や航続距離などが少しずつ異なるが、基本的な性能や設計は同じになる機体である、エアバスは4機種となっているが、737にも、737-700（基本型）、737-600（機体が短い）、737-800（機体が長い）などがあるので、バリエーションはほぼ同じである。

ともに通路が1列のナローボディ機で、3-3のアブレスト、貨物室は大きくなく、乗客の手荷物輸送が中心で、これらの機体ではバラ積みとい

図5-1　737への貨物積み込み風景。機体のそばまでコンテナで運ばれているが、バラ積みとなる（宮崎空港）

図5-2　A320への貨物積み込み風景。高さが低くミニサイズながらコンテナが使われている（宮崎空港）

って荷物をそのまま積むことが多い。貨物ドアを開け、そこにベルトコンベアを横付けして荷物を積む風景が一般的である。この2機種はLCCでも多く使われ、ボーイングにとってもエアバスにとっても世界でもっとも普及している機体である。

ところが、この2機種はほぼ同じ用途ながら、ボーイング737は貨物コンテナを積むことができないのに対し、エアバスA320ファミリーのうち、もっとも機体が短いA318を除いては、貨物コンテナが搭載できる。とはいっても機体が小ぶりなので、ワイドボディ機に積むような大きなコンテナは積めないが、A320ファミリー用の背の低いコンテナが用意されている。

737が全体的に丸みを帯びた機体なのに対し、A320は、同じ大きさながら直線的に構成されており、コンテナを積むことができる。737の初飛行が1967年に対し、A320の初飛行は1987年とかなり遅く、A320は後発の機体である。同じ市場に約20年経ってから参入したので、A320には737にはない特徴を持っていなければならなかった。

ただし、A320にコンテナなどを積み込む様子はあまり見たことがないという人が多いだろう。A320はローカル線で運航されることが多く、ローカルな空港では機体に横付けするベルトコンベアなどは乗客の手荷物を積む関係で用意されているが、機体にコンテナを平行移動させて出し入れするカーゴローダーまでは用意されていないことが多い。A320ファミリーの機体にコンテナが搭載できることは事実であるが、A320を運航する航空会社が実際にコンテナで貨物輸送しているかどうかは別次元の話となる。

逆に、LCCでは貨物輸送を行っていることは少ないということは前述通りだが、コンテナを出し入れする設備さえあれば、乗客の手荷物をコンテナに収容して出し入れすることで、折り返し時間の短縮を図るケースはある。

この小型機の分野は、ボーイングでもエアバスでももっとも売れ筋となる機材で、737は737MAXがすでに初飛行を終えていて、今後も生産が続けられる。A320に関しても、さらに燃費を向上したエンジンに載せ替えたA320neo（New Engine Option）がすでに就航していて、737、A320ファミリーともに新世代に受け継がれている。しかし、貨物輸送に関しては従来通りの方法が踏襲されている。

これら737MAX、A320neoは大手航空会社はもちろん、LCCでも100機以上の単位で発注する会社も多いが、基本的にはLCCは貨物輸送をあまり行わない。

このため、大手航空会社のワイドボディ機で運航する国際線は貨物と大きく関わっているいっぽうで、小型機で運航される地域の路線は、貨物輸送との関係は希薄という構図になっている。

図5-3　LCCのビジネスモデルは機体の稼働率を多くして頻繁に飛ばすことにあるので、貨物輸送には向かない（成田国際空港）

謎006

貨物の出し入れはこう行われる

貨物を梱包して機体に積み込んで出発するまで

それでは、実際に成田空港から貨物専用便で運ばれる貨物を眺めてみよう。成田空港を水曜の昼に出発するマレーシア航空の成田発ペナン行き貨物専用便Ａ３３０－２００Ｆである。旅客需要を考えると、土曜日や金曜日の夜に出発する便がピークとなるが、工業製品などがおもに運ばれる国際貨物の場合は、一週間の中間となる水曜日、また、週末を控えた金曜日あたりに貨物が多くなる。

また、マレーシア航空の拠点は首都クアラルンプールだが、貨物専用便がペナンに飛ぶのは、ペナンはビーチリゾートであるとともに、日本を含む海外の企業が多く進出している工業都市という顔を持ち合わせているからである。

成田空港の貨物ターミナルには、前夜のうちに梱包を終えた木箱が並べられており、貨物機への搬入を待っている。木箱は頑丈に作られており、中身を見ることはできないが、貨物専用機での運搬のための梱包なので、到着後は解体されて終わりである。つまり、それだけの梱包をするに値する高価な製品が中に入っていることだけは間違いない。搬入前には木箱の角の部分にクッションが貼られ、機体に傷がつかないような配慮もなされていた（図6－2）。

貨物機への搭載の準備が整うと、パレットに載った貨物は牽引車によって駐機場へと運ばれ、貨物ターミナルから駐機場に出る際、大きな鉄板の

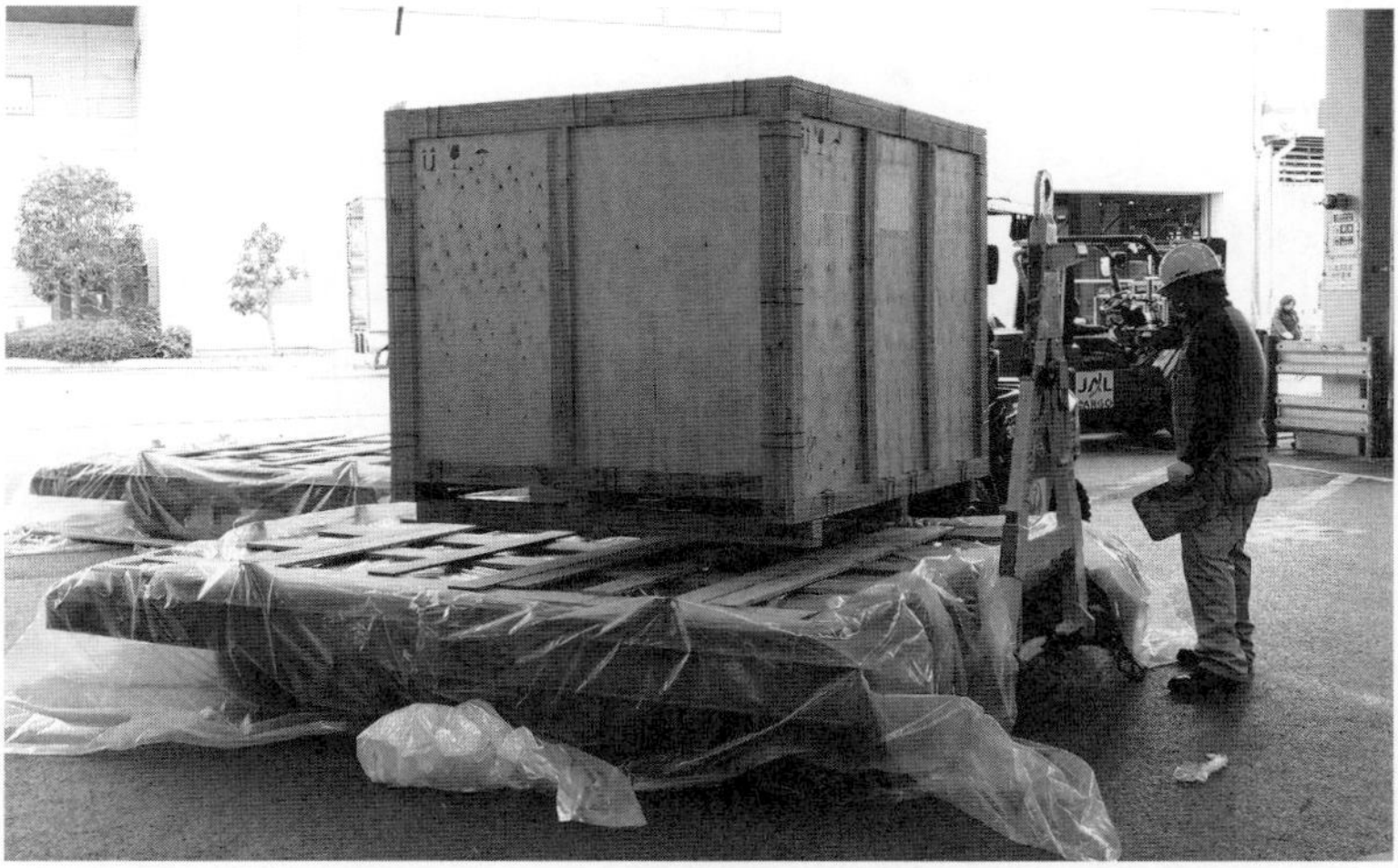

図6-1　前夜のうちに梱包されていた貨物が駐機場へと向かう車両に載せられる（以下すべて成田国際空港）

図6-2　木箱の隅には機体などを傷つけないようクッションが貼られる

上でいったん停止する（図6－3）。大きな鉄板は量りになっていて、ここで貨物の重量がチェックされる。航空機には最大離陸重量があり、過積載は禁物、これをしっかり管理しておかないと重大事故につながる可能性もある。そのため、貨物ターミナルから駐機場に出る出口はたくさんあるが、すべての出口にこの量りがあり、この鉄板の上を通過しないと駐機場に出られない仕組みになっている。

折り返しペナン行きとなるクアラルンプールからの貨物便が到着すると、メインデッキからは日本メーカーの乗用車が4台と、やはり木箱に収められた工業製品らしきものが出てきた（図6－4）。航空貨物では乗用車が頻繁に運ばれているわけではないが、新製品が仕様通り作られているかどうかのチェックなどの際は航空貨物が利用される。床下の貨物室にはオーストラリアのアデレードから運ばれてきた鮪、農産物としてはパプリカが積

図6-3　貨物ターミナルの出口でいったん停止し計量される

図6-4　クアラルンプールからマレーシア航空の貨物便が到着。自動車が４台降ろされた

図6-5　貨物を機体へ積み込むカーゴローダーにはタイヤがあり、これが回ることで貨物が平行移動する

図6-6　貨物室内部、客室と同じ高さに床があり、空間すべてが貨物室となる

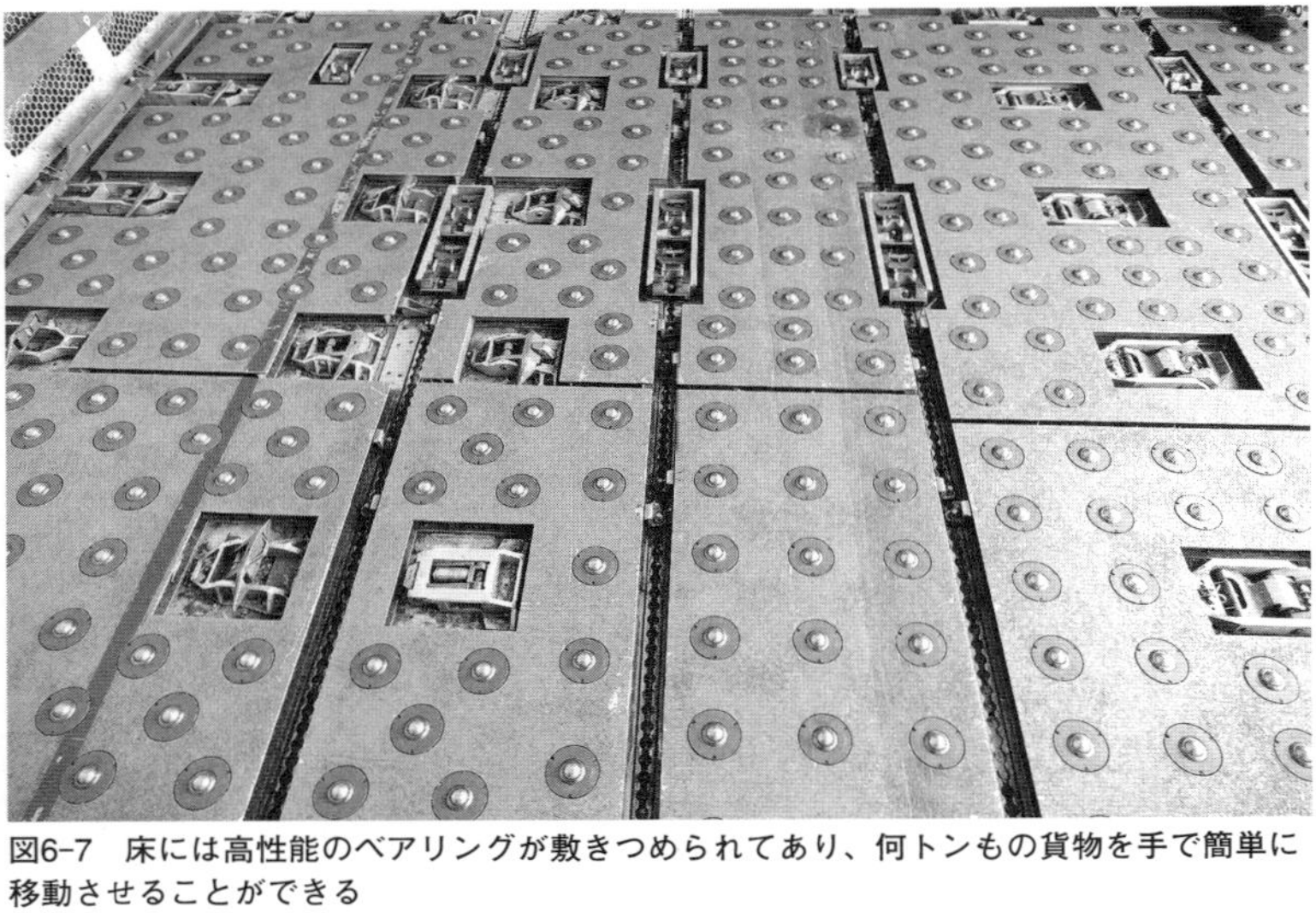
図6-7　床には高性能のベアリングが敷きつめられてあり、何トンもの貨物を手で簡単に移動させることができる

まれていた。アデレードは南オーストラリア州、オーストラリアでも南に位置するので、鮪は南氷洋で獲れたものかもしれない。

運ばれてきた貨物の搬出を終えると、今度は積み込みの作業になる、ボーイングの７４７貨物専用機や旧ソ連製大型輸送機では、ノーズ・カーゴ・ドアという機体がぱっくり口を開ける貨物ドアも存在するが、多くの貨物機では機体横の大きな貨物ドアから貨物を入れる。カーゴローダーと呼ばれるコンテナやパレットを平行移動させるための車両に貨物を載せると、乗せた部分をゴムタイヤが回っていて（図６－５）、自動的に貨物が所定位置に運ばれ、それを機体の床の高さまで持ち上げ、再びタイヤが回って貨物が機内へ送り込まれる。

それでは機内に入った貨物をどうやって機内後方に移動させるかというと、意外にも人力である。ひとつのパレットには何トンもの貨物が積まれて

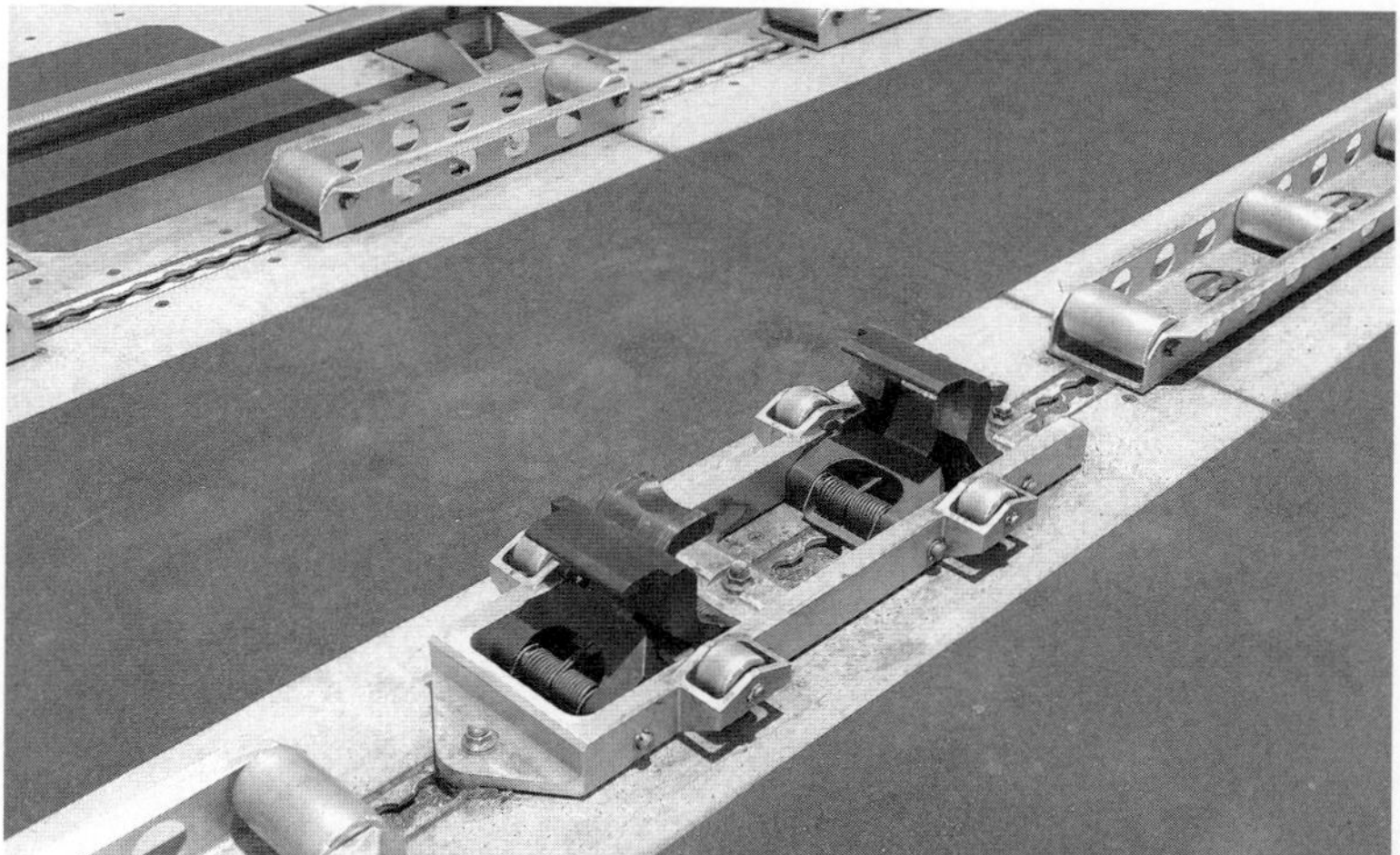

図6-8　所定の位置にパレットを移動したら、この金具で固定される

おり、さぞかし重労働と思われるが、貨物機の床には高性能のベアリングが敷き詰められていて、重量物がちょっとした力でコロコロと転がっていくのである（図6－7）。このベアリングの滑らかさは、人間が歩くと転んでしまいそうなくらい軽く周る仕組みになっていた。

なお、747の貨物専用機だけは、メインデッキの床に貨物を移動させる動力が設備されている。

このA330－200Fでいえば、貨物ドア前方、コクピット後方に4席ほど座席が設けられており（図6－9）、パイロット2人のほかにメカニックのスタッフが同乗している。また、747貨物専用機などの場合でも2階席は客室になっており、スタッフが乗ったり、ときには荷主が搭乗したりすることがある。この座席があるセクションと貨物室はドアを通じて行き来が可能で（図6－10）、たとえば、動物を輸送する場合にはスタッフが餌や水分を与えたりしながら飛行する。

図6-9　コクピット後方には４席の座席があり、荷主などが同乗することがある

図6-10　4席の座席があるスペースと貨物室は行き来できる状態にある

図6-11　成田からの貨物を積んで、折り返しペナンへ向かう

第2章　物流における航空貨物

朝の成田空港に並んだ各国のジャンボ・フレイター

謎007

インテグレーターとフォワーダー

日本発着の国際貨物の多くはフォワーダーを通している

この章では、航空貨物を物流という視点から考え、どういった手順で航空によって貨物が運ばれ、陸・海・空といった交通手段がある中で、航空貨物がどのような役わりを果たしているのかを探ってみたい。

まず貨物航空会社には、結果的にではあるが、大きく分けてふたつの形態がある。

ひとつは物を運ぶという観点から貨物専用機などを飛ばしていたり、旅客航空会社ながら貨物便も飛ばしたりするもので、当然旅客航空会社では、貨物専用機だけでなく、旅客便の床下でも貨物を運んでいる。しかし、会社全体としては航空会社であり、輸送に従事している。

もうひとつは、旅客輸送は行わず、貨物専門の物流企業で、数々の物流会社を傘下に置き、貨物航空会社はその傘下のひとつという形態だ。こういった企業をインテグレーター（Integrator）と呼ぶ。

一般的には世界で大きなインテグレーターはほぼ4社に集約され、アメリカのフェデックス・コーポレーション、同じくアメリカのユナイテッド・パーセル・サービス、ドイツを中心にするＤＨＬ、オランダを中心にするＴＮＴエクスプレスがある。

アメリカに2社、ヨーロッパにも2社があると思っていいだろう。これらの企業は国際宅配便と

図7-1　フェデックス・エクスプレスはインテグレーターと呼ばれる物流総合企業であるフェデックス・コーポレーションの貨物航空事業部門だ（成田国際空港）

しても知られている存在である。

日本にも乗り入れているアメリカのフェデックス・エクスプレスという貨物航空会社があるが、同社はフェデックス・コーポレーションという物流全般を扱う企業で、その中の貨物航空会社部門となる。拠点としているのはメンフィスである。ヨーロッパではパリ、アジアでは関西、上海、広州、シンガポールが拠点だ。

ユナイテッド・パーセル・サービス傘下にあるのがＵＰＳ航空で、日本へも多くの便が乗り入れている。拠点はルイビルで、ドイツのケルン、アジアでは上海と深圳を拠点にしている。

ＤＨＬ傘下にあるのがＤＨＬ航空で、ドイツのライプチヒを拠点にし、アメリカのシンシナチ、香港、上海も拠点としている。ＤＨＬ航空自体は日本へ乗り入れていないが、香港からのエア・ホンコンとアメリカのシンシナチからのポーラーエアカーゴの一部の便はＤＨＬのための便である。

図7-2　UPS航空はユナイテッド・パーセル・サービス傘下の貨物航空会社（関西国際空港）

図7-3　DHL航空はドイツの物流企業DHL傘下の航空会社（ブリュッセル国際空港）

TNTエクスプレス傘下にあるのがTNT航空で、TNTエクスプレス自体はオランダを拠点にしているが、TNT航空は隣国ベルギーのリエージュを拠点にしている。ヨーロッパのEU諸国は、経済的にはひとつのエリアとされ、オランダを拠点にする物流会社の貨物便がベルギーを拠点にすることなどは珍しいことではなく、DHLも含めてEUの企業はEU内の複数の国に拠点を持っているので、ヨーロッパの2社は、ドイツとオランダの企業と思わず、ヨーロッパ全体の2企業と思ったほうがいい。

インテグレーターは物流全般に携わる企業なので、アメリカ国内で宅配荷物を運び、その集荷から配達までを行い、貨物専用機と同じデザインをしたトラックが住宅地に荷物を届けるのである。国際貨物の場合は通関手続きも行う。

日本にはインテグレーターと呼べる企業はない。物流全般を扱うヤマト運輸、佐川急便などがあるものの、自社で貨物航空部門まで持つほどの規模はない。一度、佐川急便が自社の荷物を運ぶために、日本国内に貨物専用便を飛ばすギャラクシーエアラインを設立した過去があるが、燃料費高騰などから短期間で運航をやめている。日本の場合、ヤマト運輸を例にすれば、自社で貨物航空会社を持つという道ではなく、ANAの貨物部門であるANAカーゴと提携したり、アメリカのインテグレーターであるユナイテッド・パーセル・サービスと提携したりという道を選んでいる。

インテグレーターとして成り立つためには、広い範囲をテリトリーにする必要があるので、日本の広さでは成り立たないのかもしれない。アメリカは国土が広く、国内航空貨物の需要だけでも大きな量になる。ヨーロッパはひとつの国は狭くても、EU内は物流が自由にできる態勢にあるため、やはり大きな需要が存在する。

インテグレーターではない貨物航空会社や貨物

便の場合とインテグレーターと呼ばれる企業の傘下の貨物航空会社とでは何が異なるのだろうか。一般にインテグレーター以外の貨物便で運ばれる国際貨物は、フォワーダー（Forwarder）と呼ばれる企業を通して荷主間で扱われる。日本のフォワーダーには大手5社があり、日本通運、近鉄エクスプレス、郵船航空サービス、阪急阪神エクスプレス、西日本鉄道国際物流が挙げられる。

郵船航空サービスは日本郵船系列、日本貨物航空も日本郵船系列なので、郵船航空サービスと日本貨物航空は兄弟会社になる。日本通運、近鉄エクスプレスはANAカーゴ設立に関わっており、フォワーダーと日本の貨物航空会社は深い関わりがある。

国際貨物ではフォワーダーの存在が欠かせない。荷主から荷物を預かり、貨物便などに載せるまで、ルートや航空会社、便を選び、税関、危険物検査等の一切を代行する業者である。旅客でいう旅行

図7-4　TNT航空はオランダのTNTエクスプレス傘下の航空会社（ケルン国際空港）

会社の部分に相当し、旅客の場合、航空券のみ手配とか、航空券とホテルのみの手配とか、渡航国のビザは個人で申請するとかいろいろなケースがあるが、貨物の手続きを行うには資格などが必要なので、荷主自らが行うことはまずなく、フォワーダーが一切を行うことになる。

しかし、たとえば「定期的に海外へ荷物を送っている」「個人輸出」「個人輸入」などを行っているなどの場合は、個人で直接貨物航空会社に貨物輸送を依頼することもできるし、アメリカ国内やアメリカ発着でフェデックス・エクスプレスやUPS航空を利用するのは、日本でいうヤマト運輸や佐川急便を利用するのと同じなので、100%の利用者がフォワーダーを通すわけではない。それでも、日本発着の国際航空貨物はほとんどがフォワーダーを経由して扱われている。

フォワーダーが扱うのは、おもに国際貨物で、国内貨物はあまり扱っていない。なぜなら、国内貨物は、貨物を送る側と受け取る側がいて、その間を運ぶだけでも成り立つからである。国際貨物の場合、通関手続きが必要になるので、個人で行うのは事実上不可能になる。人が海外旅行する場合も出国・入国審査があるが、貨物は自らが審査を受けることができないので、この手続きを荷主に変わって代行する機関が必要なのである。そのため、フォワーダーが扱うのは国際航空貨物とは限らず、国際海運業とも関わっているのが通常で、国際物流全般を扱っている。

こういった全体的な構図があるため、航空貨物業界では「キャリア」「フォワーダー」「インテグレーター」という呼び方が定着している。「キャリア」というのは航空会社のことになり、日本での貨物集荷・配達は「キャリア」と「フォワーダー」で成り立っていて、その「キャリア」＋「フォワーダー」の仕事を1組織で行っているのが「インテグレーター」なのである。

謎008 日本発着の国際航空貨物は多くが工業製品

工業製品の生産過程には航空貨物が欠かせない役割を担う

日本では国内貨物と国際貨物の性格が異なる。なぜ国内航空貨物と国際航空貨物を分けなければならないかというと、島国の日本においては、国内航空貨物と国際航空貨物の性格が異なるからだ。国内貨物は宅配便といった小口にはじまり、コンビニ商品の配送などに至るまでの、いわゆる細々したものが多く、おもにコンテナを利用して輸送されている。国内では重量物となる工業製品の多くは鉄道貨物や海上輸送される。日本の場合、国土が狭いため、陸上輸送で仮に北海道から九州まで輸送したとしても、何週間もかかるわけではないという事情がある。

いっぽう、国際貨物では工業製品などの需要がほとんどになる。小口として、国際宅配便なども運ばれているが、その割合は少ない。国際線ではコンテナよりもパレットという貨物を載せる台状のものが多用されているのも大きな特徴である。

航空貨物には向き不向きがある。航空機には乗用車だって積むことができ、実際、自動車レースに出場する有名なカーレーサーが、愛車を航空機で競技が行われる地まで運ぶことだってある。

しかし、だからといって、自動車生産国の日本が、輸出する車を貨物専用便で空輸することはない。輸出する新車は、自動車航送船で運ばれ、1隻で何千台もの乗用車を積むことができる。もし自動車メーカーが自動車を航空機で運ぶ機会があるとすれば、それは新車のサンプルとして数台を先行して運ばねばならない場合などである。

海外へは日本の中古乗用車も多く運ばれ、もちろん船便によるが、こういった場合は自動車航送船ではなく貨物船で一般貨物同様に運ばれている。

過去には広島電鉄が、広島市内を走らせる路面電車をドイツから空輸した例などがあるが、「ドイツから最新の電車を輸入しました」「こんな大きなものも飛行機で運べます」といった話題作りといった意味合いが大きく、日常的に運ばれているわけではない。やはり、航空貨物が得意とするものは、かさばらず、限られた空間となる機体に収容できる程度の大きさのものとなる。

一般に国際航空貨物で運ばれているのは、自動車部品、電子機器、化学薬品などの比較的小さくて高価なもの、生鮮食料品や医薬品などの急送品である。日本からの貨物は輸出、輸入ともにこれらの製品が上位を占めている。日本発着に限らず、世界的にも国際航空貨物ではこうしたものが運ばれている。

自動車部品が多く運ばれるのには理由がある。現在は日本メーカーであっても海外で生産されるケースが多くなっているが、その部品は日本で生産されていることが多い。日本の部品を欠かすことができず、それを使って海外で組み立てているのだ。高い品質の日本部品は海外の自動車メーカーの部品としても供給されている。そういった部品を航空貨物で運んでいるのである。

逆に、日本で組み立てているものの、海外の部品に頼っているケースも多い。

このような発想は逆かもしれず、すでに航空貨物が発達していることが前提になっており、組み立てラインのある国と部品供給国が離れていることを気にすることなく最良の立地を選んでいるといえる。

では、電子機器や化学薬品とは具体的にどんなものだろうか。コンピュータ関連の電子部品の行き来も多い。コンピュータ関連の基盤となるような部品が航空貨物で行き来する「小さくて高価なもの」の代表格であろう。そしてその基盤を洗浄する特殊な薬品などが化学薬品にあたる。こういった機械部品は日本発、日本着ともに多い品目だ。

日本製品を代表するものとして、カメラ、プリンターなどの電子機器があるが、その部品の多くは海外で生産されている。そして、その部品の多くを在庫として日本に保管するのではなく、必要なときに空輸するというのが近年もっとも効率のいい生産方法とされていて、そういったシステムを支えているのが航空貨物である。

2011年にタイは洪水に見舞われ、その際、日本でプリンターやプリンターのインクが品薄になり入手できないといった事態が起きたが、プリンターの部品などは前述の電子機器、プリンターのインクなどが前述の化学薬品にあたる。

航空貨物として運ばれているものは、小さくて高価なものや、輸送費が高額になっても早く運びたいものとなる。国際宅配便などもあるにはあるが、それは数字の上からするとごく限られたものとなる。たとえば「海外に単身赴任する家族に、日本食を送る」などの需要もあるが、それで航空貨物が成り立っているわけではない。

日本発着の航空貨物量は、アジアでは中国、香港、韓国などに及ばなくなったとはいえ、世界では有数の発着量を維持していることは確かであり、その発着量を支えているのは、前述のような工業製品なのである。

これらの輸送は、工業メーカーや化学メーカーの製品生産の一環に航空貨物が組み込まれるような役割を果たしているので、製品生産に関わる6か月、1年といった単位で、同じものを同じ区間、定期的に運ぶのである。大きな目で見れば、航空貨物は組み立て工場のラインにあるベルトコンベ

図8-1　国際航空貨物で運ばれる比率が高いのは、工業製品である（成田国際空港）

アのような部分でもある。

国際航空需要における貨物の分野は、旅客に比べてリピーターがほとんどということもできる。旅客需要、とりわけ観光需要などを例にすると、季節や日本の休暇（大型連休、お盆、年末年始など）によって左右されるが、意外にも貨物便に積まれる貨物は一定期間、まるで定期券を利用するような感じで同じ製品が行き来していて、そういった工業製品の物流に支えられている。旅客便に比べて「ビジネス・ユース」であるともいえる。

国際航空貨物はコンスタントに運ばれるものを取り扱っているため、国際航空貨物に携わる仕事は大きく輸出・輸入のセクションに分かれている。多くの扱っている品目は、輸出・輸入貿易統計などに関わってくるものである。いっぽう、小口輸送は、仮に海外に住む家族に食料を送ったとしても、それは個人で消費するもので、輸出・輸入に関わるわけではない。

謎009

航空貨物が緊急的に使われるケースも多い

航空の利点である速さは、いざというときに役に立つ

国際航空貨物で運ばれているのは工業製品であり、その多くが小さくて高価なものであると記したが、航空機なので積む貨物の重さには運航上の制限があり、それはシビアに守らなければ運航できない。貨物として積まれた重量によって搭載できる燃料の量が決まり、その燃料の量によって、目的地まで直行できるのか、経由地が必要なのかが決まるので、それを逆算して積む量を制限している。高い輸送費を払うだけの価値があれば、重いものでもスピードの速い航空貨物が利用され、そうでなければ船で運ばれる。そして、その価値はときと場合によっても異なる。

航空貨物の特徴は何といっても「速さ」であり、それは海上輸送の比ではない。その「速さ」ゆえに、普段は船で運んでいるものが、航空貨物で運ばれるということも少なくない。

そういった需要でもっとも多いのが食料品である。日本は多くの食料品を輸入に頼っていて、その多くは海上輸送によっている。野菜などの生鮮食品は中国からの輸入が多いが、地理的に近いことから船で運ばれるケースが多い。海産物などは地球の裏側からやってくるようなものも多くなっているが、それでも海上輸送である。海産物の多くは冷凍されて日本へやってくる。冷凍技術の発達によって冷凍できるものはほとんど冷凍して海上輸送されている。果物でも、いわゆる「早摘

み」をすることによって日本に到着した時期に食べ頃となるよう海上輸送される。

食料品で空輸されているのは、鮪、鰻、ウニ、チーズ、ワイン、アメリカンチェリーなど、いわゆる高価なものが中心で、同じ品目であっても高級とされる高価なものだけと考えていいだろう。

しかし、大雨や台風などの気象状況によって、日本国内の野菜が不作となり、特定の野菜が不足することがある。ところが、かといってファストフードのチェーン店ではいつもと同じメニューが販売されている。このようなとき、緊急輸入として、航空貨物によって生鮮食料品などが運ばれている。ファストフード店ではポテトは欠かせないが、国内でジャガイモが不足した際、普段ではありえないジャガイモでさえ空輸されたこともあるという。ジャガイモは重くて値段が安いので、空輸にはもっとも向かない商品なのにである。

食料品の中ではボジョレワインは多くのチャーター便まで使って日本に空輸されていた。かつてボジョレワインは解禁日の２週間前まではヨーロッパを出荷させることができないという決まりがあったようで、最盛期にはロシアのチャーター機まで使って日本へ運ばれたこともあった。

食料品同様に工業製品であっても、普段海上輸送されているものが空輸されることはしばしばある。記憶に新しいところでは２０１５年、アメリカの港湾ストライキによって海上輸送されていた工業製品の通関手続きが滞り、チャーター機まで使って工業製品が空輸された。普段空輸しないような重いものも含まれていたが、工場としては、一部の品目が足りないために生産ラインを止めるというのはもっとも不経済なことで、輸送費が多少高額になっても空輸せざるを得ないのである。

同様に２０１６年には日本製エアバッグのリコールによって大量の代替品が必要となり、やはりチャーター機を使ってまで空輸されている。こち

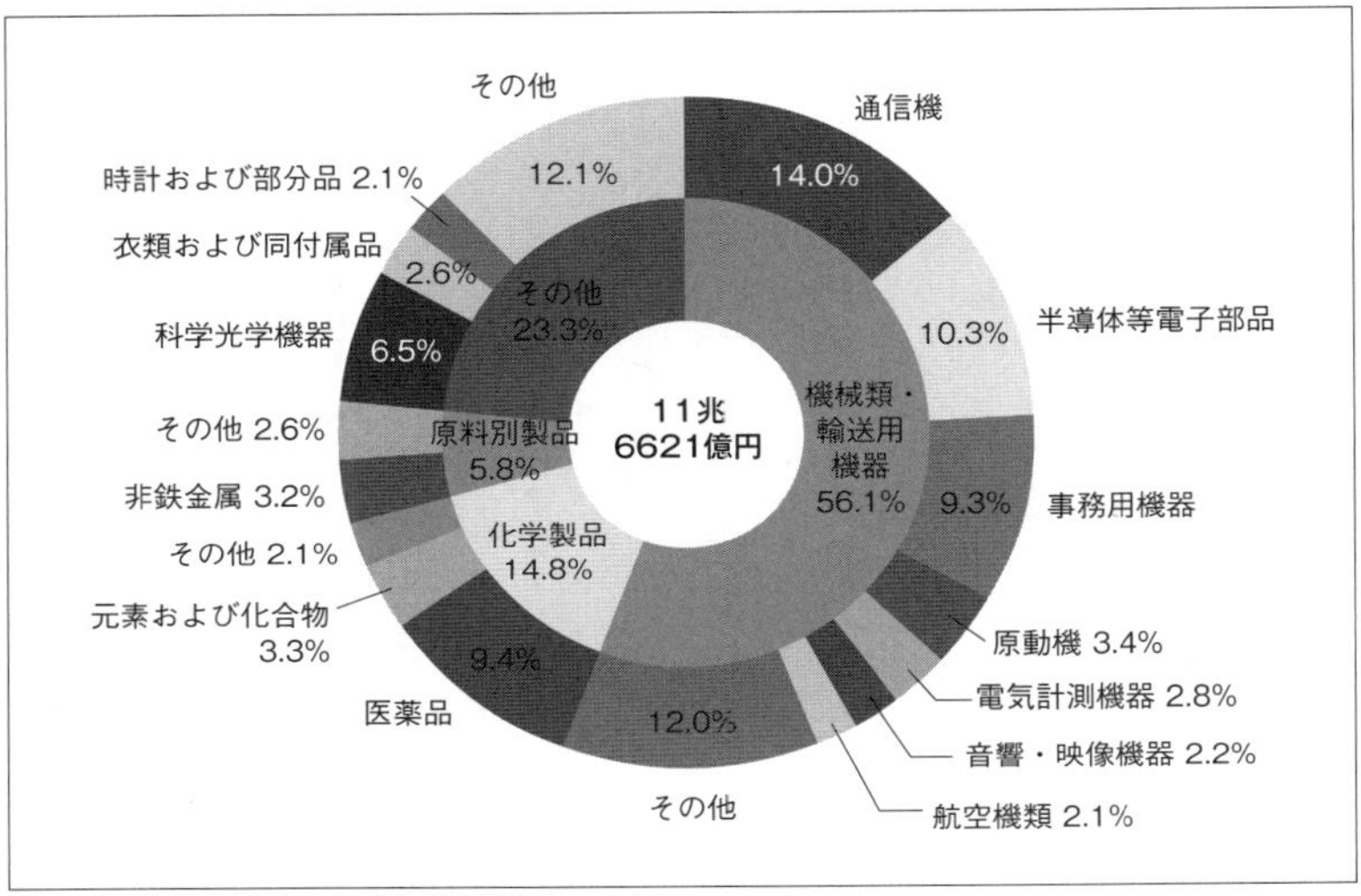

図9-1　成田空港輸入品目別構成比（2014年）

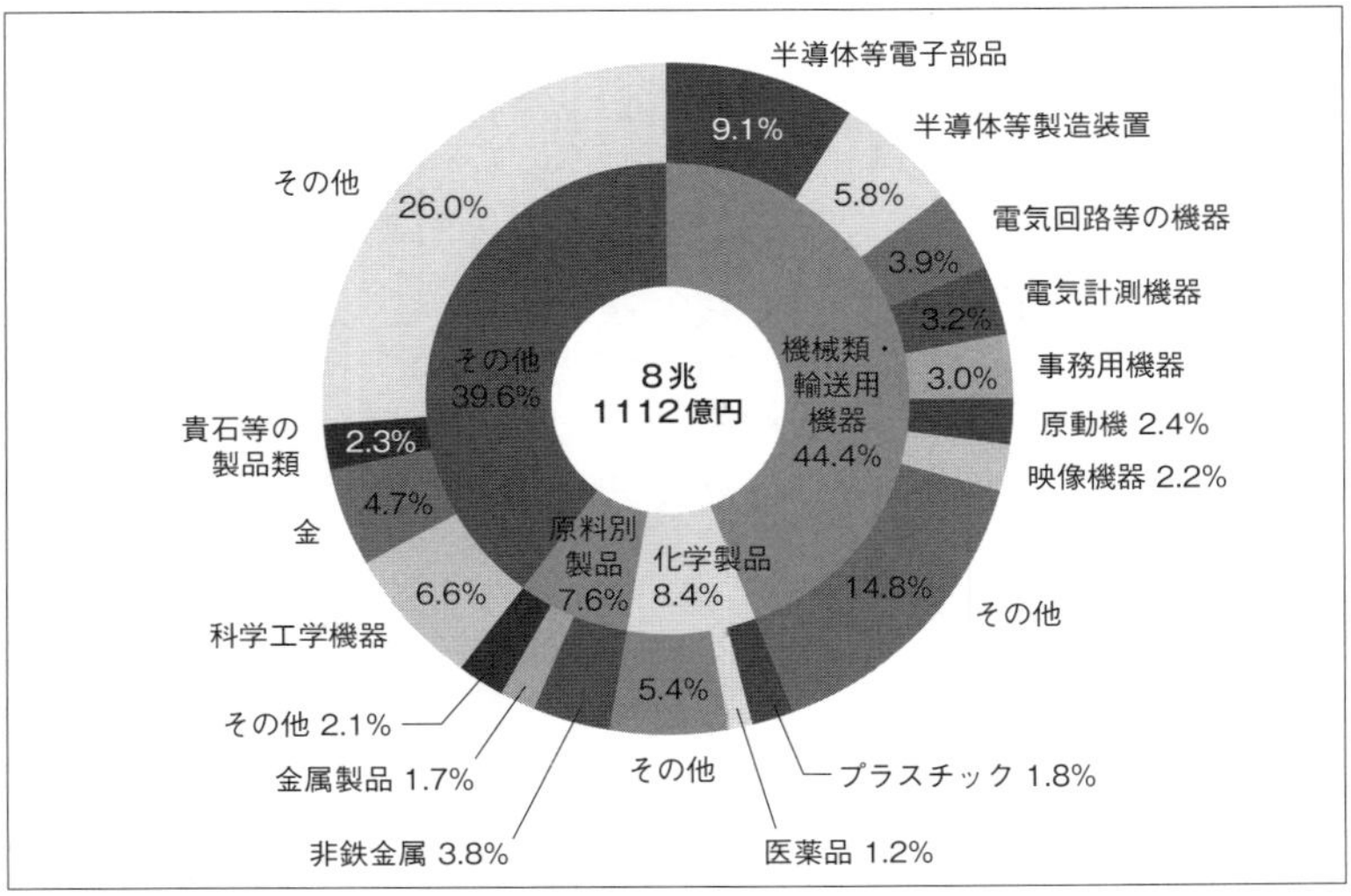

図9-2　成田空港輸出品目構成比（2014年）

らもエアバッグがないからといって車の組み立て生産ラインを止めるわけにはいかず、輸送費が高額になっても空輸せざるを得なかったのである。

近年の航空貨物需要には、ＩＴ関連商品やゲーム機器などで、新製品を「世界同時一斉発売」させるときも航空貨物が一役買っている。世界各国に商品を行き渡らせて、同じ日に一斉発売し、商品価値を高めようという商法であり、そのためには海上輸送に頼っていたのではいつになるか分からない。そこで、商品が発売されて一定期間が過ぎてからは海上輸送するにしても、最初の一斉発売時は空輸して世界各国に商品を行き渡らせるのである。

このように、いざというときに航空貨物が利用されるケースが多くなってきている。

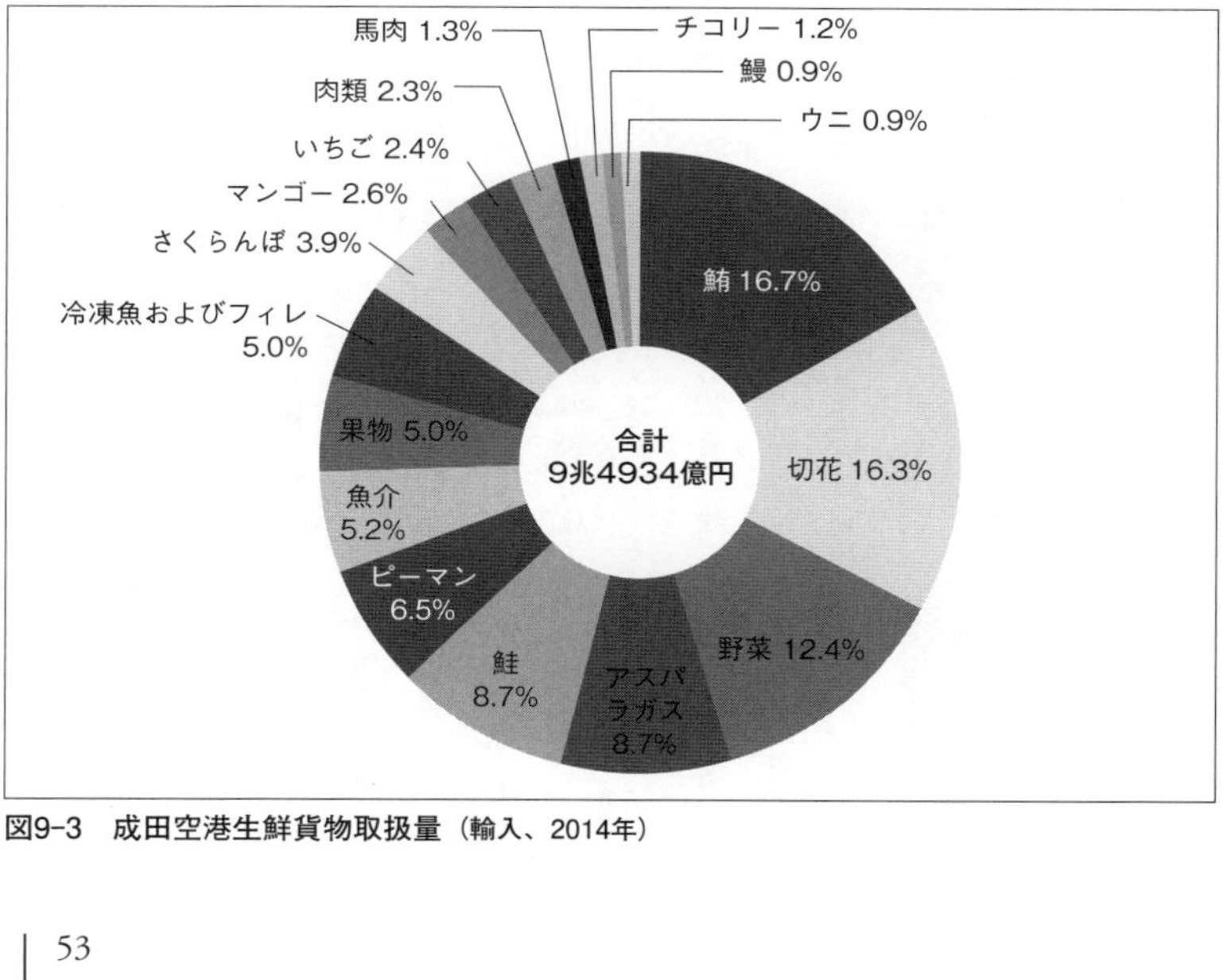

図9-3　成田空港生鮮貨物取扱量（輸入、2014年）

謎010

航空貨物運賃は何で決まる?

重くて小さいものと軽くて大きいものの混合で収益が上がる

航空貨物はどのように貨物便や旅客便の床下に積まれるのであろうか。まず、旅客便や貨物便の床下に積めるのは、高さ160センチ以内のものとなる。高さ160センチ以上のものになると、床下の貨物室には収容できず、貨物専用機、あるいは貨客混載のコンビ機でないと運べない。767の貨物専用機なら高さ240センチのものまで、747の貨物専用機なら高さ300センチのものまで収納できる。

旅客機であっても貨物専用機であっても、同じ機種なら床下貨物室の構造は同じである。床下貨物室にはパレット、またはコンテナが搭載され、貨物専用機であれば床上の大きな空間に、おもにパレットを使って貨物を積む。床上の貨物室にコンテナが使われることは少ないが、宅配便などの小口貨物が多い場合は床上でもコンテナが使用され、床上専用のコンテナが用意されている。

通常、航空機に積むコンテナは、床下に積むことが前提で、機体の形に合わせて下部の隅がカットされているが、床上に積むコンテナはそれとは逆に上部が機体の形に合わせて丸みを帯びている。そして、これらコンテナやパレットを総称して、ULD(Unit Load Devices)と呼ぶ。ULDは大きさや形によって規格化されて型式があり、用途や積める機体などが決まっている。

床下の貨物室では収容できない大きな貨物は具

体的にどんなものがあるだろうか。たとえば、半導体を作るための機械などがあり、こういった機械類は、日本から輸出する場合もあれば、日本の現地工場へ送る場合もあるほか、高度な技術の詰まった機械であるため、メンテナンスを現地で行うことができず、定期的に日本に運ばれて検査などを行っている。

商品化されると小さくなるものでも、元の原材料の時点では１６０センチを越えるものもあり、テレビの液晶パネルは製品化される前は床下貨物室では収納できないサイズになるそうだ。体積は小さくても、パイプなどの長いものは、貨物専用便、とくに長さが長ければ７４７貨物専用便のノーズ・カーゴ・ドアからしか出し入れできないものもある。

貨物運賃は旅客のように大人、小児、幼児などと、大雑把に決まっているわけではない。体積と重量によって細かく計算される。航空会社として

図10-1　所有する航空会社が変わってもULDのサイズは統一されている（以下すべて成田国際空港）

は、煉瓦のように小さくて重いものと、発泡スチロールの人形のような大きくて軽いもの、どちらを多く運べば収益が高くなるかというと、煉瓦のように小さくて重いものになり、小さくて重いものをたくさん運べば運ぶほど収益が高くなる。ところが、それだけでは困ることがある。

小さくて重いものをたくさん積むと、まだ空間が空いているのに最大離陸重量に達してしまい、軽いものならまだまだ積めそうなのに、重さの関係で、それ以上貨物を積むことができなくなってしまう。

航空会社の理想としては、小さくて重いものがそこそこあり、それに加えて体積があるものの重量がないもので空いている空間が埋まれば、最大離陸重量ギリギリになり、しかも貨物室の空間も一杯になることで、もっとも収益が高くなるのである。

こういった事情があるため、貨物便には旅客便の運航とは違った作業がある。それはまるで引っ越しのトラックの荷造りのような作業で、重いものと軽いものをうまく組み合わせ、丸い機体に全体が収まるように荷物を整えていくのである。中には細長いものや形が複雑なものもあり、それを一定の重量の範囲で、バランスよく、隙間のないように埋めねばならず、熟練を要する作業となる。

運賃には、貨物航空会社では体積重量（容積重量ともいう）というシステムを使い、1立方メートル166キログラムで計算し、それを基本運賃としている。タクシーの初乗りのようなもので、体積がそれ以下であっても、重量がそれ以下であっても基本運賃だけは必要になるという計算方法である。ちなみに、貨物専用便の場合、もっとも重いものを機体中央の床上に積む。そうすることで機体が安定するのはもちろんだが、機体中央は燃料タンク上部に当たり、機体の強度がもっとも強い位置でもあることによる。

図10-2　パレットに積み付け途中の航空貨物。適当に積んでいるわけではなく、パズルのように組み合わされていく

図10-3　貨物機に積み込まれる貨物。機体の断面形状に合わせて、中央の部分が出っ張っているのが分かるが、このようにして多くの貨物を積むことで効率を高くしている

謎011

日本の産業構造と密接な関わり

工場が休みの日曜夜には貨物便は飛ばない

日本発着の旅客便でいえば、東京からの北京、ワシントン、ロンドン便のように、業務渡航者が多い路線、いっぽう、グアム、ホノルル便のように、乗客の多くが観光客である路線、あるいは、ヌーメア（ニューカレドニア）、パペーテ（タヒチ）便のようにハネムーナーの多い路線と客層はさまざまである。ドバイ、ドーハ、アブダビ、ヘルシンキ、デトロイト、ミネアポリス便のように、業務か観光かなどの旅行目的ではなく、その都市が目的の乗客が少なく、多くの乗客がさらにどこかへ乗り継ぐための便などもある。

同様に、航空貨物需要にも路線によっての特徴がある。日本発着の航空貨物需要はアジアと北米が多い。日本〜ヨーロッパ間には貨物専用便も運航されているが、北米ほどの需要はない。オセアニア方面になると貨物需要は北米などに比べてかなり少なくなり、貨物専用便が運航されているのはシドニー行きのみとなる。

同じアメリカ行きでも、ニューヨークやシカゴ行きは旅客便であっても床下に多くの貨物が積まれている。しかし、ハワイ便の床下は貨物需要は少なくなる。同じ機材が北米大陸に飛ぶのと、ハワイに飛ぶのでは、運んでいる中身はかなり異なる。

一般的に北米東海岸便などはビジネスクラスが多く、ハワイ便はエコノミークラスが中心となり、これは利用者の客層から納得できる事実であるが、客層以外の問題として、北米便などは乗客を少なめにし、貨物として搭載できる量を増やしたほうが、便全体としての収益が高まるという側面もある。北米便の場合、燃料も多く積まねばならず、貨物需要も旺盛である。乗客数を少なくすれば、ビジネスクラスの1人分の面積を広くすることができ、豪華なビジネスクラスをアピールすることで、高額な運賃を払ってでも利用する顧客が増えれば、もっとも便としての収益は上がる。

いっぽう、ハワイ便などは貨物需要に期待できず、業務渡航者も少ないので、観光客を多く乗せて採算を維持しなければならない。

旅客用機材であっても、貨物需要のことを考えて機材選定されており、ボーイングでいえば777、787などが貨物需要の多い路線へ投入される。一般的にワイドボディ機は旅客需要旺盛な路線で使われるは当然だが、貨物需要のことも考えて投入される。旅客需要がそれほど多いとは思われない路線に、大型機材が使われていて、搭乗率も低いのに路線が維持されている場合などは、貨物需要で賄われていることもある。

近年は、本来短距離用だった737の性能が向上し、中距離の国際線にも進出するようになったが、737は貨物輸送という点ではコンテナもパレットも搭載できず、乗客の手荷物程度のものを手積みで運ぶことになるので、貨物需要の大きな路線向きの機体ではない。

アジアと北米との貨物需要が多いのは、日本企業がアジアに多く進出し、工業製品などを組み立てる際の部品の往来が多いためで、中国はじめ東南アジアとの間に多くの貨物専用便が運航されている。北米への貨物需要が多いのも、アメリカの自動車産業などが日本の部品を多く使わっているからである。「バイアメリカン法」というアメリカの産業を守るための法律もあり、アメリカへ輸入する製品に対して、部品は輸入するにしても、組み立てはアメリカで行うなどの決まりがあるため、部品状態で航空貨物として運ぶケースも多くなる。

航空貨物需要は日本の産業構造とも深く関わりがある。工業製品輸出は日本の主要産業であるため、荷主が日本のメーカーで、荷物の出発地がアジア、荷物の到着地がアメリカやヨーロッパというような複雑な動きも多い。日本のメーカーの工場がアジアにあり、そこで生産した製品をアメリカやヨーロッパに輸出する流れである。ただし、この場合、必ずしも貨物は日本を経由しなくなっている。

前記のように日本メーカーがアジアなどで製品を製造し、第3国へ輸出する場合、かつてはその製品はいったん日本に上陸して検品を行っていた。規程通りに製品が製造されているかどうかを日本でチェックしてから海外へ輸出していたのである。しかし、近年はアジアでの生産品質が高くなり、生産国でも検品可能となるケースが増え、必ずしも日本を経由せずに出荷されることが多くなった。

近年、成田や関西発着の貨物取扱量の増加は鈍っていて、貨物発着量でアジア諸国に抜かれてしまっているが、日本メーカーが荷主となっている貨物が、日本を経由しないケースが増えているのも要因のひとつなのである。アジアから日本を経由することなくアンカレッジなどに向かい、さらに北米を目指す貨物便の往来が多くなっているが、実はその貨物機の中に、メイド・イン・ジャパンの製品が積まれていることも多いのである。

日本発着の航空貨物需要は日本の産業と密接に関わっているため、それが貨物専用便の運航スケジュールにも大きく影響している。たとえば、ANAカーゴの貨物専用便の時刻表を眺めてみると、日本発の便はほとんどの路線で月曜か日曜以外の運航となっている。「月曜か日曜以外」の意味するところは同じで、0時発、1時発などの便は月曜以外、22時発、23時発などの便は日曜以外の運航になっており、つまりは日曜の夜以外毎日運航のスケジュールになっている。

これは、日本の工場が日曜の操業が休みになるためで、出荷するものがなく、航空便がそれに合わせたスケジュールになっているのである。いかに日本の産業界と航空貨物が密接に関わっているかが分かるであろう。

航空貨物需要は産業構造と密接な関わりがあるので、曜日によっての需要は変動するが、季節変動は少なく、旅客需要のように3連休になるので需要がそこだけ高くなるといった波は少ない。しかし、北米路線であれば、クリスマス商戦以前の秋から冬にかけては貨物需要が高まるなどの緩やかな変動はある。

表11-1　ANAカーゴのアジア行き時刻。月曜の早朝には便がないことが分かる

出発地	便　名	機　材	曜　日	出　発	到　着	行　先
那覇	NH8431	B6-300F	・火水木金土日	03:35 → 04:35		上海（浦東）
那覇	NH8423	B6-300F	・火水木金土日	05:10 → 06:40		香港
那覇	NH8465	B6-300F	・火水木金土日	05:50 → 07:30		青島
那覇	NH8429	B6-300F	・火水木金土日	06:55 → 07:20		台北（桃園）
那覇	NH8479	B6-300F	・火水木金土日	05:50 → 07:55		ソウル（仁川）
那覇	NH8421	B6-300F	・火水木金土日	05:50 → 08:05		バンコク
那覇	NH8411	B6-300F	・火水木金土・	05:30 → 09:30		シンガポール
			・・・・・・日	05:00 → 09:00		

謎012 近年の旅客機は床下の貨物スペースが大きい

多くの貨物需要が旅客便だけで賄えてしまう

世界の航空路には、旅客需要の高い路線、貨物需要の高い路線があり、当然前者では旅客機が中心に飛び、後者では貨物専用便も飛んでいる。この場合、前者は大都市間であったり、大都市と観光地を結ぶ区間であったりし、後者はおもに経済的結びつきの高い路線である。メーカーが部品生産国から組み立て工場のある国へ部品を定期的に供給するなどの需要がある。軽くて高価な工業製品や化学製品などが行き来しているのだ。

たとえば、日本発で考えると半導体技術が発達し、世界で使われている多くの電子機器に部品を供給していて、その多くは小さく軽く高価なものとなり、航空貨物が得意とする分野といえ、日本からの航空貨物の中で重要な位置を占めている。

しかし、航空貨物輸送はそのような路線ばかりとは限らない。旅客にとっても重要な路線ながら、貨物も重要だという路線もある。ヨーロッパとアフリカ各地を結ぶ便は、観光客需要は比較的少なく、貨物輸送も工業製品などは少ない。しかし、航空貨物が生活必需品輸送に貢献している。こういった路線では貨客混載機といわれるコンビ型の機材が使われることが多かった。機体の60％ほどに旅客、残り40％ほどに貨物を積む。貨物専用機を飛ばすほどの貨物需要はないが、かといって旅客便の床下だけでは入りきらないような貨物がときどき輸送されるといった路線である。

日本でも瀬戸内海や北海道航路ではカーフェリーが行き来していて、離島便には「貨客船」と呼ばれるタイプの船が運航している。貨客船には多くのコンテナが積まれ、そのコンテナを積み下ろしするクレーンが備わっており、離島の生活にとってはなくてはならない存在となっているが、航空の貨客混載機はこれと似たような使命を持っていた。

こんな貨客混載機は近年は需要を減らしている。そのひとつの理由が、旅客機の性能向上により、旅客機であっても床下に多くの貨物を搭載できることである。近年の旅客機は、性能的には低燃費、低騒音、航続性能などが話題となっているが、隠れた性能として、双発の経済性の高い機体であるにもかかわらず、床下に多くの貨物が積めるようになっている。

ボーイングの最新機材787ドリームライナーを例にすると、767の後継機といわれながらも、胴体直径が大きく、標準的なコンテナULD－3を左右に並べて2個積むことができるので、747ジャンボ機などとあまり変わらぬ貨物収容力を持っている。767と787を見比べると、767が「スマート」と見えるならば、787は少し「ずんぐりむっくり」であるが、それだけ多くの旅客や貨物を運ぶことができる。

近年の機体は、旅客機であっても多くの貨物が積めるというのがトレンドなのである。従来、同じ区間を767が旅客便として週7便（毎日）、767の貨物専用便が週1便飛んでいたとすれば、旅客便を787に変えれば、貨物専用機での便は不要になるといった関係だ。あるいは、旅客需要が増え、旅客便を週14便（1日2便）飛ばせば、週に1回貨物専用機を飛ばしていたときよりも多くの貨物が運べる計算になる。このようなことから貨物専用機や貨客混載機の需要が減ってきているという事情がある。

図12-1　777の床下貨物スペースは大きく、旅客機といえども多くの貨物が運べる（成田国際空港）

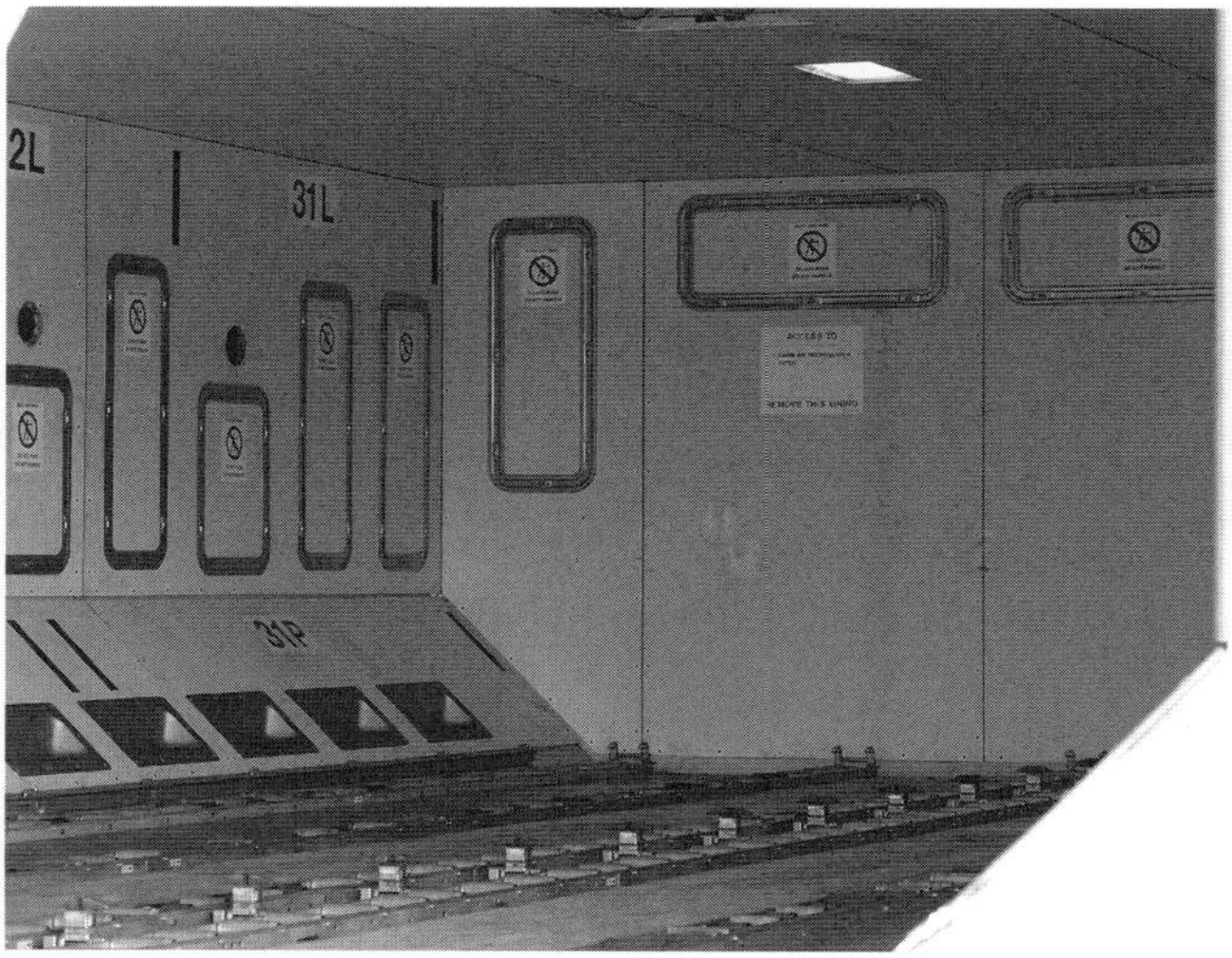

図12-2　ワイドボディ機の床下スペースにはかなり大きなものを積むことができる

貨客混載機は、機体を前後で分け、前部が旅客、後部が貨物などと考えられていたが、現代の旅客機はもともと上部が旅客、下部が貨物の貨客混載機であるという考え方もできる。コンビ機と旅客機の違いは、旅客と貨物が前後の関係ではなく、上下の関係というだけの違いになる。そう考えると、貨物専用便や貨客混載機は、旅客機の床下では収納できない、特大の貨物を運ぶときしか出番がなくなってしまうのである。

実際、日本航空は以前は多くの747と767の貨物専用機をJALカーゴとして運航していたが、2010年の経営破綻を機に貨物専用機の運航を行わなくなり、貨物専用機材はすべて海外の航空会社に売却された。しかし、だからといって日本航空が航空貨物に関わっていないわけではなく、成田空港に行くとランプ内を「JALCARGO」のロゴが入ったコンテナが忙しげに行き来している。日本航空の主力機である777、787は床下貨物スペースが大きく、旅客便の貨物スペースだけでも多くの貨物が運べるのである。

日本航空同様のことは他の航空会社にもいえる。本書の第4章では、日本に貨物専用機を運航している航空会社と、過去に日本へ貨物専用便を運航していたことのある航空会社について記述しているが、運航をやめてしまった理由が、旅客便の貨物輸送能力向上であるケースも多いのだ。貨物専用便の運航をやめてしまったとなると、貨物需要低下とも思われるが、実は貨物需要は伸びているものの、旅客便機材が777など、貨物収容能力の高い機材になった結果、貨物専用便を飛ばす必要性が薄れているという路線も多いのである。

まして成田空港など、日本の主要空港は世界でも有数の着陸料が高額な空港なので旅客も貨物もひとつの便にまとめられるのであれば、そのほうが経済的なのだ。

謎013

狭い国土ならではの国内航空貨物需要

国内線ではパレットではなくコンテナを使う

日本では国際航空貨物と国内航空貨物は別物と扱われている。島国ゆえにその傾向が強く、国内線・国際線双方を運航する航空会社の同じ機材であっても、国内線用と国際線用は分けているケースが多い。国内航空貨物の場合、通関手続きがないので、運ばれているものが一般に身近なものが多くなる。宅配便、コンビニの商品、郵便物などが中心になり、工業製品の輸出入に関わるものなどの比率が低くなる。現在は国内線では貨物専用便の運航はないので、航空貨物は旅客便の床下で運べる範囲の大きさのものが運ばれている。

運ばれかたも国際線とは異なり、パレットを使わずコンテナが中心になる。運ぶものがコンテナに収容できる程度のものが中心だということ以外に、コンテナのほうが機体への出し入れが敏速にできるからである。機内食搬入などもないので空港での折り返し時間が短く、貨物の出し入れにも時間がかからないコンテナが向いているのである。

折り返し時間を短くして機体の稼働率を上げ、運賃を安くするという考え方のLCCでは国際線も含めて、貨物輸送そのものを基本的に行っていない。LCCのビジネスモデルは、予約業務などをネット中心にし、旅行会社を経由する手数料や、予約業務を行う人員を少なくするというものである。貨物の場合、自らがチェックイン機で搭乗手続きを行うなどができないため、どうしても旅客輸送より人出がかかってしまう。

国内線を運航する航空会社は、宅配便会社との提携も行っており、ＡＮＡはヤマト運輸と提携、ヤマト運輸のロゴの入ったコンテナもあり、便によって貨物スペースを宅配便会社に割り当てている。ＪＲの貨物列車に宅配便会社のロゴ入りコンテナが載せられているのを目にするが、同じことが国内航空便でも行われている。

航空貨物は陸上輸送や海上輸送に比べて運賃が高価なことから、航空貨物の需要の多い路線、少ない路線があり、意外にも需要の多そうな羽田～伊丹間などは航空貨物需要が少ない。東京～大阪間ならトラックでも一晩で運べるからで、同じ理由で羽田～小松間なども航空貨物需要は少ない。航空貨物の高需要路線は羽田～北海道、福岡、沖縄、大阪～北海道、福岡～沖縄間など、陸路だけでは輸送できない区間や長距離の区間となる。

時間帯による需要の変化も顕著で、航空貨物が集中するのは朝の便と夜の便で、昼間の便の需要は少ない。「午後に集荷して夜の便に載せる、朝のうちに到着して午前中に届ける」といったシステムに航空貨物も組み込まれているのである。

図13-1　ANA国内線767から降ろされるコンテナ。国内線の床下では宅配便も運ばれている（那覇空港）

謎 014

旅客機を貨物専用便として運航することも

意外にも日本国内を深夜に飛んでいる

旅客機を貨物専用便として運航することもある。高速バスの床下荷物室に貨物を積み、客は乗せずに運行するようなものだ。レアなケースかと思いきや、ANAが羽田から新千歳と佐賀に飛ばしている。ANAは貨物専用機を保有するのに、なぜ旅客機を使っての貨物専用便なのであろうか。

いずれの便も深夜に飛ぶ。国内線の機体は朝から夜まで旅客便として飛び、夜は休んでいるが、その機体で運航する。いわば国内線用旅客機の深夜アルバイトで、こうすることによって機体の運用効率が上がる。貨物需要は、昼間は少ないことは前述したが、深夜はもっとも需要が大きい。

羽田～佐賀便でいえば、週末の夜以外、土曜と日曜の夜、出発時間が午前0時を過ぎているので、正確には日曜と月曜以外の毎日運航で、羽田発1時5分、佐賀着3時5分、折り返し佐賀発3時55分、羽田着5時30分である。787ドリームライナーに旅客は乗せず貨物室に貨物のみを積んで飛ぶ。朝から夜までは旅客便として飛び、深夜に貨物だけ積んで羽田から佐賀を往復、早朝に羽田に戻るので、次の日の旅客便も支障なく運航できる。まさに深夜アルバイトである。

新千歳便は、羽田発、新千歳発ともに1時台で、深夜に移動した機体が朝出発の旅客便になる。佐賀便同様に、深夜に貨物便を運航しているものの、旅客便としての運航には影響がないので、機体の稼働率が高まるのである。

これらの便はベリー便と呼び、逆に「ベリー便に旅客を乗せる」こともある。といっても通常の旅客便床下には貨物を載せるのだから、「旅客便に貨物を載せる」のも「ベリー便に旅客を乗せる」のも同じに思われるが、考えかたが異なる。

前述のANAのベリー便として運航する深夜の佐賀行きと新千歳行きは貨物便としての運航なので旅客扱いはしないし、深夜便では需要も期待できない。しかし、ANAでは夏季に限って羽田～那覇間にも深夜運航のベリー便を飛ばすことがあり、距離が長いので、旅客を乗せることがある。

しかし、あくまで貨物主体で、旅客をついでに乗せている。まずは貨物ありきで考えられているので、貨物を積み、残りの積める重さから乗客数を設定している。そのため満席になることはなく、空いているという。つまり、貨物優先で積む量が決まっており、残った余力で人間も運ぶという計算なのである。貨物便として採算を維持しているので、仮に乗客が1人もいないまま飛んでも採算割れの心配はなく、旅客運賃も割引価格で販売されることが多くなっている。

旅客機にこんな使いかたがあるのであれば、ベリー便が深夜に日本中飛んでいてもおかしくなさそうだが、実際はこれら3区間でしか飛んでいない。その理由として、日本国内に深夜でも離発着できる24時間空港が少ないこと、東京～大阪間などは距離が近いのでトラック輸送のほうが有利になることがあげられる。

佐賀に関しては、大消費地である福岡に近く、福岡空港が市街地にあり、深夜の離発着ができないので、福岡空港の代わりに、比較的福岡に近い佐賀空港に発着しているという事情があり、佐賀が目的地の貨物は少なく、佐賀からは福岡はじめ九州各地へトラックで運ばれる。このようなトラック輸送をRFS（Road Feeder Service）という。

謎015 空港別にみる貨物取扱量ランキング

香港とメンフィスの数字が突出して多い

まずは表15－1を見ていただこう。これはカナダに本部がある世界の空港を運営する団体が加盟するＡＣＩ（Airports Council International＝国際空港評議会）のデータによる貨物取扱ランキングである。

１位と２位が僅差であるが、香港とメンフィスが世界でもっとも多くの航空貨物を取り扱っている空港で、３位以下を１００万トン以上上回っている。この２空港は独走といった感じで、３位以下の空港が１、２位に躍り出るのは容易ではないであろう。香港は「世界の工場」といわれる中国を背後に控えていることが大きく影響していそうだ。メンフィスに関してはアメリカ大手貨物航空会社のフェデックス・エクスプレスの拠点だからである。香港の数字はキャセイパシフィック航空の貨物便、香港航空の貨物便のほか、多くの航空会社の合計で稼いでいる数字で、旅客便の床下の数字も大きな割合を占めているのに対し、メンフィスの数字の大半はフェデックス・エクスプレスによっているという大きな違いがある。２位という数字はたった１社によって叩き出されているといっていい。

１位の香港の数字の４００万トン以上というと、仮に７４７貨物専用機に１００トンの貨物を積んだとしても、それが１日に１００便以上飛ぶ計算になるが、実際には貨物専用便はそんなに多くは

表15-1　貨物取扱ランキング　（ACI＝Airports Council International調べ）

順位	空港	国	3レター	2015年の取扱量（トン）
1	香港	中国	HKG	4,460,065
2	メンフィス	アメリカ	MEM	4,290,638
3	上海（浦東）	中国	PVG	3,273,732
4	アンカレッジ	アメリカ	ANC	2,630,701
5	ソウル（仁川）	韓国	ICN	2,595,677
6	ドバイ	アラブ首長国連邦	DXB	2,505,507
7	ルイビル	アメリカ	SDF	2,350,656
8	成田	日本	NRT	2,122,314
9	パリ	フランス	CDG	2,090,795
10	フランクフルト	ドイツ	FRA	2,076,734
11	台北	台湾	TPE	2,021,865
12	マイアミ	アメリカ	MIA	2,005,174
13	ロサンゼルス	アメリカ	LAX	1,938,624
14	北京	中国	PEK	1,889,829
15	シンガポール	シンガポール	SIN	1,887,000
16	アムステルダム	オランダ	AMS	1,655,354
17	シカゴ	アメリカ	ORD	1,592,826
18	ロンドン	イギリス	LHR	1,591,637
19	広州	中国	CAN	1,537,759
20	ドーハ	カタール	DOH	1,454,952

飛んでおらず、旅客便の床下に積む貨物の割合が多いことがこの数字からも読み取れる。

3位、5位にアジアの拠点空港である上海、仁川が入っているのは、アジアの経済活動が活発である証拠であろう。とくに上海は1位の香港に距離的に近いことを考えると、やはり中国での経済活動が盛んであることがこの順位に大きく影響している。韓国も経済発展で、世界に韓国製製品を輸出している実態が垣間見られる。

4位にランクされたアンカレッジは、貨物取扱量は多いものの、アンカレッジを起終点にする貨物量は多くない。このデータには、その空港で載せ替えられる貨物や通過する貨物が含まれていて、アンカレッジは北米やヨーロッパとアジアを結ぶ便の中継地になっていることから上位にランクされた。そういう意味でいえば、今後、貨物専用便の新旧機種の交代が進むと、アンカレッジでの給油の必要性が薄れていくはずで、機材の性能向上ともに順位を下げる可能性がある。空港でもある。貨物便が寄港しているがためにランクインされている唯一の空港でもある。

6位のドバイはいうまでもなくエミレーツ航空の貨物専用便およびエミレーツ航空の豊富な旅客便が床下で運んでいる貨物の量が多いことを示している。ただし、ドバイでは、新空港のアール・マクトゥーム国際空港が開港し、2014年にはエミレーツ航空の貨物専用便が新空港に移転しているので、これでも順位を落としていて、ドバイとしての数字はドバイ国際空港とアール・マクトゥーム国際空港に二分されたのである。しかし、エミレーツ航空は便数がずば抜けて多く、全便がワイドボディ機での運航なので、仮にドバイ国際空港に乗り入れる貨物専用便がすべて新空港に変わったとしても、上位をキープできるような気がする。

7位のルイビルは日本人にはあまりなじみのない都市名だが、日本にも乗り入れているアメリカの大手貨物航空会社UPS航空が拠点とする空港で、メンフィス同様の理由で上位にランクされている。

成田空港は8位で、かつてより順位が低くなった感がある。かつてはアジアで貨物取り扱いの多い空港は香港と成田だったことを考えると、アジアの貨物拠点は上海や仁川に抜かれたというのが実情である。しかし、貨物便は深夜に発着することが世界の傾向ということもできるので、深夜に発着できない空港なのに8位にランクされているという考えかたもできる。

ヨーロッパでもっとも貨物取扱量の多かった空港がパリで、以下、フランクフルト、アムステルダム、ロンドンと続く。旅客便の多さから考えるとロンドンの順位が低く感じるが、ヒースロー空港は発着枠がタイトで、旅客便でも乗り入れ便数が制限されているので、貨物専用便は同じロンドンでもスタンステッド空港など、他の空港を発着する便がほとんどである。そのため、ロンドンが18位というのは低く感じる考えかたもあるが、逆に貨物専用便がほとんど発着しないのに18位に食い込んでいるという考えかたもあり、そうすると、旅客便の床下の貨物で18位になるほどの貨物を運んでいることになる。

いっぽう、フランクフルトはマイン空港の順位であるが、フランクフルト全体で考えると、おそらくパリよりも貨物取扱量は多く、貨物便の一部が郊外のハーン空港に移転したことで順位を下げている。

以下、特徴ある空港としては12位のマイアミがある。アメリカではロサンゼルス、ニューヨーク、シカゴといった大空港よりも高い順位になっているが、アメリカの南東の端に位置するため、国内貨物の拠点とはなりにくい場所である。それでも高い順位なのは、マイアミが中南米との間の貨物便の拠点になっているからで、物流に対する関税を低く抑えた経済特区が隣接するというのも大きな理由である。

1位の香港と19位の広州は極めて近い位置にありながら多くの貨物を取り扱っていることが分かる。ランク外ではあるが、中国の深圳空港もベスト30にはランクされており、この地域の貨物取扱量は多い。

20位にランクされているドーハは、6位のドバイと同じ傾向で、ここを拠点にするカタール航空が世界中に就航地を増やしているため、貨物取扱量が多くなっている。中東湾岸の空港は、これらの都市で積み込まれたり降ろされたりする貨物ではなく、これら空港で積み換えて世界各地に運ばれる貨物が多いことを示している。

全体的にいえることは、20位圏には南半球の空港はランクされておらず、貨物は北半球で活発な動きをしている。

第3章　貨物便の機体

双発でも多くの貨物を運んで長距離を運航できる 777-200F（香港国際空港）

謎016

ボーイングの貨物機

多くの旅客機を開発、貨物機バージョンも多数

ボーイングの旅客機は多彩である。707にはじまり、720、727、737、747、757、767、777、787と開発されたほか、マクドネル・ダグラスと統合した際に、マクドネル・ダグラスが開発中だった機体を継承して717としている。ボーイングは多くの旅客機を手掛けてきたので、世界でもっとも売れているジェット旅客機（737）、初めてのワイドボディ機（747）、双発最大の旅客機（777）、主要部分を金属ではなく炭素繊維複合材とした旅客機（787）など、世界の旅客機をリードする存在が多数ある。

旅客機の種類が多いので、貨物機バージョンも多く、747、757、767、777に当初からの貨物機バージョンがあるほか、旅客機だったものを貨物専用機に改造した機体も多数ある。定期便で運航する貨物専用機としては747の貨物専用機は実質的には世界最大の貨物専用機で、この機体だけは機首部分がぱっくり開くノーズ・カーゴ・ドアを備えている。

現在はボーイングとエアバスの旅客機シェアは拮抗しているが、貨物機だけを考えると圧倒的にボーイングが強く、やはり軍用機開発時に輸送機を多く手掛けていたことが、旅客機開発にも受け継がれているのかもしれない。

エアバスが開発した世界最大の旅客機A380

には貨物型が開発される予定だったが、発注していたアメリカの大手貨物航空会社フェデックス・エクスプレスとＵＰＳ航空が、Ａ３８０開発の遅れからキャンセルしてしまい、実質的にはＡ３８０の貨物型が幻となった現在、大型貨物専用機需要はほとんどがボーイング機材で賄われているのである。

●ボーイング707（1957年初飛行　生産終了）

ボーイングの貨物機はすべてが旅客機の派生形である。そして、ボーイングのジェット旅客機は７０７ではじまっている。４発ナローボディ機で、実質的な世界で最初のジェット旅客機といってもいい存在である。18ページでも記した通り、正確にはイギリスのデ・ハビランドが開発したＤＨ・１０６コメットという機体が世界初の商用飛行を行ったジェット旅客機であるが、人類にとって初めてのジェット旅客機は、就航まもなく３回の墜落事故を起こして運航を終える。それまでのプロ

図16-1　中部国際空港開港前、名古屋の小牧空港に香港から乗り入れていたエア・ホンコンの707-320C

ペラ機よりも空気抵抗の少ない高高度を飛ぶため、外気圧が低く、離陸・着陸を繰り返す度の気圧差は大きく、予想をはるかに超える金属疲労を伴ったのである。

ボーイング707は、コメットの失敗を教訓にすることもできたので、コメットより就航は遅かったが、世界の空を制することができ、実質的な世界初のジェット旅客機といわれている。その707には、貨物専用機バージョンはないものの、707－320C（C＝convertible）という、旅客型にでも貨物型にも転用できる機体が開発されたほか、旅客型が晩年に貨物専用機に改造された機体も多かった。しかし、現在では過去の機体となっている。

707は、もともと旅客機としても日系航空会社では運航していなかったので、707の貨物機は、日系航空会社での運航はなかった。しかし、大韓航空、中華航空（現在のチャイナエアライン）、レバノンの貨物航空会社トランス・メディテラネアン航空、ヴァリグ・ブラジル航空の貨物便として日本へ乗り入れていた時期があり、最後まで日本路線にこの機体を運航したのは、香港の貨物航空会社エア・ホンコンで、名古屋（小牧）に乗り入れていた。

●ボーイング727（1963年初飛行　生産終了）

ボーイング最初の旅客機は4発の長距離国際線用707だった。

現在の常識から考えると、まず短距離用があり、中距離用が開発され、さらに長距離用を開発といった順番になりそうだが、ボーイング最初の旅客機は、長距離、中距離、短距離の順に、いわば現在の常識とは逆の順番に開発された。なぜかというと、707が開発された当時、飛行機はプロペラ機が常識だったので、長距離飛行する便のほうがジェット機にすることで時間短縮効果が大きかった。707登場後も、短距離便はプロペラ機と

図16-2　アメリカのエメリー・ワールドワイドの727-100C。727初期型の旅客・貨物兼用型の機材（トロント・ピアソン国際空港）

いうのが常識であった。そして、やがて長距離国際線にジェット機が普及したことから、中距離、短距離でもジェット機という時代へと変わっていくのである。

このような背景があるため、７０７の次に開発されたのが3発の中距離機ボーイング７２７である。３発のエンジンはすべて機体後部に装備された特徴的なスタイルから、この機体が現役当時だった頃はファンも多い機体であった。日本でも日本航空や全日空が国内線や近距離国際線用に導入、日本の高度成長期の機体であるとともに、ハイジャックされた日本航空の「よど号」や岩手県雫石町上空で自衛隊機と空中衝突した全日空機もこの７２７であった。

７２７には最初に開発された７２７‐１００に７２７‐１００Ｃという、旅客型にも貨物型にも転用できる機体があった。日本に近いエリアでは、コンチネンタル・ミクロネシア航空（現在のユナイテッド航空の前身の1社）が、ハワイから太平洋の島々をいくつか経由してグアムに至る便などで、生活物資と旅客を同時に運んでいて、島の生活にはなくてはならない存在であった。

727－100の機体を延長した727－200は、727の中心的存在となり、当初から貨物専用機で窓のない727－200Fも登場している。

727は、旅客型としては世界中探してもほとんど現役の機体はないが、727－200Fと、727の旅客型からの改造貨物機は、現在でも現役の機体を探せば、わずかながらあるという状態である。中にはウイングレットを装備してしばらくは現役で飛びそうな機体もある。

●ボーイング737（1967年初飛行）

長距離用4発機707、中距離用3発機727に次いで登場したのが短距離用双発機ボーイング737である。ボーイングのジェット旅客機は順調に需要を伸ばし、長距離にはじまって短距離でもジェット機の時代が到来したのである。707、727、737は、エンジンの数、形態、用途が異なるが、機体のもっとも基本的な設計となる胴体直径部分は同様であり、アブレストは3－3配置である。

707、727はすでに過去の機体であり、707は900機ほど、727も1800機あまりで生産を終了している。といっても707、727ともにベストセラー機であることは間違いない。しかし、737は1967年の初飛行以来、改良に改良を重ね、現在でも生産されているほか、次期派生形として737MAXへと発展している大ベストセラー機で、現在までに9000機以上が世界の空を飛び、発注を受けている数を含めると、その数は1万3000機を超えている。他の機体とは桁が違うベストセラー機で、世界でもっとも売れている機体である。日本でも日本航空系列、

図16-3　737旅客機から改造された深圳東海航空の737-300SF（香港国際空港）

ANA系列、スカイマーク、エア・ドゥ、ソラシドエア、春秋航空日本など多くの航空会社で運航している。

737は長く生産されているため、第1世代、第2世代の機体生産は終了していて、現在は第3世代の機体が中心で、次期機体となるのが737MAXと呼ばれる第4世代の機体となる。737の貨物型は、737-200C（第1世代）や、現在でも生産を続けているB737-700C（第3世代）で、ベストセラー機のわりに、新造時から貨物専用という機体はない。C型と呼ばれる旅客機にも貨物機にもできる転用型、そして息の長い機体だけに、古くなった-300や-400（ともに第2世代）が貨物機に改造されて飛んでいる。

日系航空会社での運航はないものの、737の貨物機で日本便を運航している航空会社には、中国の海南航空系列の貨物航空会社である揚子江快運航空、同じく中国の貨物航空会社である中国貨運郵政航空がある。

この737は、世界でもっとも売れているジェット旅客機で、長く製造されているため旅客機としての役目を終えた機体が多いにもかかわらず、737の貨物専用便はそれほどの数がないのも事実である。床下スペースにコンテナが積めないことがその原因とも思われ、737は小さめの機体なので、もともと貨物機向きではなかったということも微妙に影響していそうである。

727、737のC型は旅客型、貨物型のどちらにも転用できるほか、貨客混載型として運航することができる。前述のコンチネンタル・ミクロネシア航空の例などのように、旅客需要が少なく、生活物資なども空輸しなくてはならない路線に多く使われた。

そして、これらの機体には変わった特徴もあった。それは、前部が貨物室で後部が客室という点である。大きな貨物ドアは機体前部にある。理由は至って簡単で、主翼に後退角があるため、もし後部に貨物ドアがあっても、主翼が邪魔で貨物の出し入れができないからだ。

しかし、通常、旅客機の乗心地は後部より前部のほうが快適とされる。理由は後部ほどエンジンからの排気などの騒音が大きいからだ。ファーストクラスやビジネスクラスは前部にあり、後部がエコノミークラスであるということがそのことを物語っている。そのため、これらの機体では人間より貨物のほうが乗心地のいい部分に載っていることになる。

●ボーイング747誕生の経緯

707、727、737とラインナップが充実してきたボーイング機材、次に登場するのが747ジャンボ機である。大きさのわりに747はずいぶんと昔に誕生している。それまでのジェット旅客機は、国際線用の花形といえる707でさえ、定員は200席に満たない。そんな時代になぜ、約400席、エコノミークラスだけにすれば500席以上にもなる機体が誕生したのだろうか。一挙に大きくなり過ぎている感じがするだろう。ところが、747はそれまでの3種の旅客機とは異なる経緯で誕生している。

747は、当初旅客機として開発されたわけではなかった。当時、アメリカ軍は世界に軍事基地を有していて、現地での反発も大きかった。そこで、大規模な基地は置かなくても、世界で起こる有事に対し、一度に多くの物資や人員を運べる機体を必要としていて、この次期戦略輸送機計画として、アメリカ軍はボーイング、ロッキードなどの航空機メーカー数社に大型輸送機設計を依頼する。こうして誕生した設計案がボーイングは747の原案となる機体、ロッキードはC－5ギャラクシーとなる機体であった。結果はボーイング案が優れていたにもかかわらず、政治的判断でロッキード案が採用されることになる。

ロッキード案に敗れたボーイングの開発陣は、大型輸送機設計案をそのままお蔵入りさせるのはもったいないと考え、民間旅客機に転用して誕生させたのが747なのである。ボーイングには、プロペラ機開発時代から、「多少コストがかかってもよいものをつくる」という社風もあった。

といっても大型輸送機から旅客機に設計変更するのだから開発は容易ではなかった。最大で200席程度がもっとも大きな旅客機だった時代に、いきなり最大で500席にもなる旅客機を開発するといっても、そんな旅客機を満席にできる航空会社はなく、世界の航空会社はこの計画に冷ややかであった。

世界の航空会社が冷ややかだったのにはもうひとつ理由があった。その頃イギリスとフランスは超音速旅客機コンコルドの開発を進めており、旅客機は大型化よりも高速化に向かうと思われていたのである。しかし、世界で1社だけボーイングの大型旅客機案に賛同する航空会社が現れる。それが現在はなくなってしまったパンナムことパンアメリカン航空であった。国際線航空会社の老舗的存在である。パンナムは、やがては空の大量輸送時代が来ると確信してボーイングの大型旅客機を発注し、この計画が具体化する。パンナムは現在のいいかたでいう、747のキックオフキャリアになり、パンナムが世界で初めてワイドボディ機747をニューヨーク〜ロンドン間に就航させるのである。

いっぽう、超音速旅客機コンコルドは、次世代の旅客機として世界が期待していたにもかかわらず、大きな騒音、燃費の悪さ、高額な運賃、果てはオゾン層を破壊するなどの理由から世界に普及することなく終わってしまい、20機も生産されていない。

アメリカ軍に採用されたロッキードのC－5ギャラクシーは、当時としては世界最大の輸送機となり、機体の前後に大きな貨物ドアを持つため、前方から積んで後方から降ろすことができ、大型カーフェリーのような構造となった。しかし、製造されたのは130機あまりであった。

それに対し、アメリカ軍輸送機案としてはロッキードに敗れてしまったが、旅客機に転用して開発された747は1500機以上が製造され、現在も生産されている。747は「災い転じて福となす」的な機体であったのだ。

こんな747は、開発当初、ボーイングの開発陣にも「旅客機として成功する」という絶対的な自信はなかった。当時、500席の旅客機など未知の世界であっただろう。そのため、ボーイングでも、747が旅客機として売れなかった場合は、大きな機体を活かして貨物機に転用しようという考えがあったという。

また、実現はしなかったが、当時のボーイング

図16-4　ロッキードC-5ギャラクシー、米軍はこの機体を採用し、不採用案を民間旅客機にしたのが747となる（サンホセ·ファンサンタマリーア国際空港）

でも超音速旅客機計画はあり、もし、イギリスとフランスが共同開発しているコンコルドが世界に普及するのであれば、アメリカとしても当然対抗機種が必要と考えていたからだ。それほどに当時は、この先、高速化に進むのか、大量輸送化に進むのかが読みづらかった時代であった。いわば、ボーイングは当時、大量輸送用に７４７、そして高速用に超音速旅客機開発（実現しなかったが）と二股をかけていたことになる。結果としてはコンコルドの失敗を受けて、ボーイングは超音速旅客機開発の計画を中止している。

ボーイングでは旅客機は超音速機主流になった場合、鈍足の７４７は貨物輸送で生き残ろうと考えていたことになるが、そんな不安をよそに、パンアメリカン航空の予想は的中し、空の大量輸送時代が到来、大量輸送となることで航空運賃は安くなり、さらに大型機の需要も高くなったのである。

ここまでが７４７登場時の経緯であり、それから40年以上が経ち、７４７全盛の時代は終わっているが、当時のボーイングの思惑も現実になりつつある。それが「貨物機への転用」である。現在の旅客機はほとんどが双発で低燃費の機体となり、７４７の活躍の場は貨物輸送が中心となったからだ。

日本でも日本航空、ＡＮＡともに７４７は引退している。かつて日本航空は世界でもっとも多くの７４７を運航する航空会社であったが、４発機ゆえの燃費の悪さなどから全機が引退している。しかし、日本の空から７４７が消えたわけではなく、日本貨物航空は全機が７４７の貨物型で、最新バージョンの７４７－８Ｆが主力機になっている。そしてこれは世界でもいえることで、現在現役の７４７の多くが貨物専用機となった。

●ボーイング７４７（１９６９年初飛行）

ボーイング７４７ジャンボ機は、開発当初から貨物機としての運航が意識されていたこと、貨物を積むのに充分な大きさがあること、重い貨物を積んで離陸できる４発のエンジンを備えていることなどから、貨物機バージョンも数多くある。

順番に紹介すると、７４７－１００という当初の機体には貨物専用機バージョンはなく、誕生時から貨物専用機だった機体はない。しかし、多くの７４７－１００は、旅客機としての使命を終えてから貨物機に改造されている。登場時からの貨物専用機がないため、ジャンボ貨物機特有の機首部分がぱっくり蓋を開けるノーズ・カーゴ・ドアを備えた機体はなく、旅客機からの改造なので窓もあり、一見旅客機に見える。航空ファンなどからは「窓ありカーゴ」などと呼ばれた。日本でも日本航空の旅客機として活躍した機体が引退後に日本航空の貨物機として運航された例があったし、全日空が日本国内用に運航していた７４７ＳＲを貨物専用機に改造し、日本貨物航空で運航した例

図16-5　初期型ジャンボ機である747-100を改造した日本航空の貨物機。航空ファンからは「窓ありカーゴ」などといわれ、ジャンボカーゴ特有のノーズ･カーゴ･ドアはない。（成田国際空港）

もあった。

７４７の初期型－１００の性能を向上させた発展型が－２００であった。－１００と－２００の外観上の相違はほとんどないが、エンジンがパワーアップされたことから最大離陸重量が増し、航続距離も長くなった。－２００が登場する頃には７４７は世界に普及し、珍しい機体でもなくなっていて、－２００では、貨物専用機バージョン、貨客混載型バージョン、そして旅客にも貨物にも混載にも対応できる機体も登場した。

－２００の貨物機関連でもっとも特徴的だったのが－２００Ｆ（F=Freighter）と呼ばれる貨物専用機バージョンで、窓がなく、機首部分がカーフェリーのようにぱっくり開くノーズ・カーゴ・ドアを備えている点である。いかにも貨物専用機という外観で、空港でも異彩を放っていた。

そもそも７４７のコクピットが2階にあるのにはいくつかの理由があったようで、ひとつは胴体

図16-6　日本航空の747-200F。747ジャンボ機初の当初からの貨物専用機となった747-200Fからは機種がぱっくり開くノーズ・カーゴ・ドアが特徴となった。（大阪国際空港）

が太い部分にコクピットがあると、コクピットからエンジンの状態など、後方の視野が悪くなるためで、後方の視野をよくするために2階の胴体がすぼまった部分にコクピットがある。しかし、貨物機のためにもコクピットが2階にある必要があった。もし1階にコクピットがあったのでは、機首部分に貨物ドアなど設けられないからである。

この747－200Fは日本でも日本航空、日本貨物航空などの貨物専用便として活躍した。

－200M（M=Mixed Passenger & Freighter）と呼ばれる機体は貨客混載型と呼ばれ、機体の前方60％くらいが客室で、残り後方40％くらいが貨物室になっていて、後部に大きな貨物ドア（サイド・カーゴ・ドア）を備えている。いわば空飛ぶ貨客船といったところで、後部の貨物室部分にも窓があったので、一見して通常の旅客機であったが、機体左側に貨物ドアがあったので、よく見れば－200なのか－200Mなのかは判別できた。

通常の旅客機は後方がすぼまった形をしていて、だんだん胴体が細くなるが、この機体はエコノミークラスが途中でいきなり壁で終わっているのが特徴である。

ただし、この貨客混載型の機体は「貨客混載にもできる」と考えたほうがよく、貨客混載型の機体を全旅客型としても利用できたので、「将来貨物需要も高まるかもしれない」という理由でこの機体を導入し、全旅客型として使っていた航空会社は少なくない。これは後に誕生する－３００Ｍ、－４００Ｍにもいえることである。

この機体は日系航空会社での運航はなかったが、かつてパキスタン国際航空、カンタス航空、アリタリア航空、エールフランスなどの機体が日本へ乗り入れていた。

少数派ではあったものの－２００Ｃという、全旅客型にも、全貨物型にも、そして旅客・貨物混載型にも転用できる機体も存在した。全旅客型になるので、当然窓はあるものの、機首部分の貨物ドア、また機体後部の貨物ドアも備えていた。航空会社にとっての利点として、将来の用途に柔軟に対応できるという点があったほか、決まった路線を運航するわけではないチャーター会社にとって都合のいい機体であった。

しかし、この－２００Ｃを導入した航空会社では、同じ機体が実際に全旅客型として運航したり、全貨物型として運航したりすることは結局なく、ほぼ同じ用途で使われていたというのが実際であった。

この機体も日本の航空会社での採用はなかったが、かつてイラク航空が全旅客型としてこの機体で日本へ乗り入れていたほか、アメリカのチャーター航空会社の機体が、貨物チャーターとしてしばしば日本のアメリカ軍基地に飛来していた。

このほか７４７－２００は、旅客型として運航していた機体の多くも、旅客機としての役目を終

図16-7　カーゴルックス航空の747。世界でも数が少なかったのが747-200Cといわれる機体で、全旅客にも全貨物型にもできるので、窓があるのにノーズ・カーゴ・ドアを備えていた。（ルクセンブルク・フィンデル空港）

図16-8　香港ドラゴン航空の747-300旅客型改造の貨物機。2階席が大きくなっているが貨物機としては意味のない空間。（関西国際空港）

えてから貨物型に改造された。ただし、機首部分にも貨物ドアがあるのは、あくまで当初から貨物専用機だった機体だけで、旅客機を改造して機首部分の貨物ドアを装備するということはできなかった。

747は－200から2階席延長型の－300へと発展し、旅客定員が増すが、－200と－300の違いは2階席が小さいか大きいかの違いなので、貨物専用機にとっては違いがなかったとみえ、－300の貨物専用機は開発されず、旅客型が－300主流になっても、貨物専用機は－200Fの生産が続けられた。ただし－300Mという2階席延長型の貨客混在型は存在し、日本へも、マレーシア航空、シンガポール航空、当時のサベナ・ベルギー航空などが運航していた。また－300の旅客機も晩年には多くが貨物専用機に改造され、香港ドラゴン航空などが－300の改造貨物専用機で日本へ乗り入れていた。

●現在活躍するジャンボ機の多くは貨物機に

ボーイング747ジャンボ機は長年に渡って製造されたので、外観こそ大きな差はないが、初期の機体と－400以降の機体では性能が大きく異なる。というより、パイロットにいわせれば、747－300と747－400では別の機体といわれるほどである。どこが異なるかというと、－300までは機長、副操縦士、航空機関士の3人で運航する、いわばアナログの機体、コクピットには所狭しとアナログ時計のような機器が並んでいる。

それに対し－400以降の機体は機長、副操縦士の2人乗務で、航空機関士が行っていた仕事はコンピュータが行い、大幅に機械化が進んだ機体である。コクピットも「グラスコクピット」と呼ばれる液晶ディスプレイが並ぶ現代風のものに変わった。－400以降の機体が運航の中心になった頃には、－300以前のジャンボ機は「クラシック・ジャンボ」などと表現され、現在となっては－300以前の機体で運航している航空会社は世界でも数えるほどとなった。

－400にも貨物専用機バージョンが開発され、747－400Fとなった。貨物専用機のため2階席は小さく、なおかつ－400の特徴であるウイングレットを備えている。この機体が現在の「ジャンボカーゴ」の中心的存在であり、かつて日本航空でも多くの機体が飛んでいたほか、日本貨物航空でも導入された。現在でも貨物専用機の中心となる機体である。海外からも大韓航空、中国国際貨運航空、チャイナエアライン、キャセイパシフィック航空、エア・ホンコン、シルク・ウエイ・ウエスト・エアラインズ、エアブリッジ・カーゴ、カーゴルックス、カーゴルックスイタリア、ポーラーエアカーゴ、UPS航空など、多くの航空会社が747－400の貨物機を使って日本路線を運航している。

－400の貨客混在型が747－400Mで、－200M、－300M同様に機体前部が客室、後部が貨物室になっている。日本の航空会社では導入されなかったが、アシアナ航空が現在もこの機体を使って日本へ乗り入れている。

747－400には、航続距離を長くした－400ER（ER＝Extended Range）がある。旅客型はオーストラリアのカンタス航空だけが採用した機体で、この機体の開発で、メルボルン〜ロサンゼルス間を無理なくノンストップ運航できるようになった。旅客型を導入したのはこのカンタス航空のみで6機製造されたにすぎなかった。しかし、長距離を飛ぶために燃料が多く積めるよう最大離陸重量が通常の－400に比べて多くなっており、そのぶん貨物を多く積むことができるので、－400ERよりも－400ERの貨物専用機版である－400ERFが多く売れる結果となった。日本へもエールフランス、KLMオランダ航空の

図16-9　現在のジャンボカーゴの中心となる機体は747-400F。中国の銀河航空。（天津浜海国際空港）

貨物専用便として運航していた時期があったほか、キャセイパシフィック航空の日本便はこの機体でも運航される。

７４７－４００の貨物に関係する機体は－４００Ｆ、－４００Ｍ、－４００ＥＲＦの３機種であるが、現在多くなっているのが旅客型からの改造貨物機である。たとえば日本航空は世界最大の７４７オペレーターであったが、現在は１機も運航していない。しかし、かといって１００機以上あった７４７がスクラップになったわけではなく、一部は旅客機として、そして一部は貨物機に改造されて世界の航空会社で運航されている。

これは日本だけの傾向ではなく、世界的に旅客機は４発機から燃費のいい双発機へと変わる傾向にあり、多くの旅客型ジャンボ機が貨物専用機に改造されている。かつても古くなった旅客機が貨物機に改造されることはよくあったが、７４７－１００を改造し７４７－１００（Ｆ）などと表していた。しかし、改造されるケースが多くなったため、メーカーであるボーイングが改造プログラムを準備し、新たな機体に生まれ変わるような感覚で誕生したのが747－400から747－400BCFへの改造プログラムである。つまり、改造機に正式な形式が与えられた感覚である。

747－400BCFの特徴は、貨物機なのに2階席が大きいという部分である。貨物機なので2階席が延長されている必要はないのだが、オリジナルの機体が2階席延長型なので、その部分はそのままにしてあるわけだ。日本航空では自社の旅客型を改造して自社で貨物機として使っていた。同様に大韓航空や中国国際航空でも同じような使い方がされていた。747の旅客機が減った現在、世界中でこの2階席の大きな貨物機が飛んでいる。

747－400の改造貨物機には特殊な改造を施した機体もある。それが－400LCF (Large Cargo Freighter)、通称「ドリームリフター」と呼ばれる機体である。

「ドリームリフター」の「ドリーム」とはボーイングの787ドリームライナーを指している。この機体は日本やイタリアなどで製造された787の機体の一部分を、アメリカのシアトルにある最終組み立てラインまで輸送するためにつくられた機体である。

そのため、この機体が飛来する空港は限られているのだが、787の機体部品の多くは名古屋にある三菱重工で製造されているので、中部国際空港とアメリカの間を何度も行き来して787はつくられている。

この機体の特徴は何といってもそのスタイルで、通常の747貨物機とは異なり、大きな貨物ドアがあるのではなく、機体が真っ二つに割れるように開く構造になっていることだ。この機体は大きなものを飲み込んでしまった蛇のような形をしており、その大きくなった胴体部分が二つに割れ、

図16-10　747LCFドリームリフターは787の部品製造国とシアトルを結ぶ専用便。（中部国際空港）

機体の最大直径にあたる部分で貨物の出し入れができる構造になっている。他の機体と設計的に異なるのは、最初から運ぶものの寸法が決まっていて、それに合わせて開発された機体であることだ。

特殊な機体ゆえに全４機で運航していて、元は中国国際航空、チャイナエアライン、マレーシア航空の旅客型だった機体が改造されて「ドリームリフター」となった。

現在でも製造されているジャンボ機は７４７－８というシリーズになった。７４７－４００より全長が長く、エンジンは低騒音のもので、エンジンナセル後方がギザギザの形状をし、主翼先端が折れ曲がったウイングレットではなく、主翼先端全体が上方に剃ったような形状をしていて、これらは７８７開発で培われた技術である。

７４７－８の貨物機バージョンは、７４７－８Ｆという貨物専用機である。７４７－８の開発が始まった頃には、航空業界全体として、旅客便は

図16-11　大韓航空の747。747-8Fはエンジンナセルのギザギザが特徴で、低騒音化を実現、787で培われた技術である。（成田国際空港）

燃費のいい双発機が主流となっていた。4発機となる747の旅客機としての需要は小さくなりつつあり、747-8では貨物機先行で製造されている。747-8の旅客型である-8IC（Inter Continental）はルフトハンザドイツ航空、中国国際航空、大韓航空の3社しか発注しておらず、やはり、旅客機としても747全盛の時代は終わりが近づいているのである。

747-8Fは日本でも日本貨物航空が運航し、それまでの747-400Fに変わって活躍している。世界で最初にこの機材を運航したのはルクセンブルクのカーゴルックス航空、日本へは大韓航空、キャセイパシフィック航空、シルク・ウェイ・ウエスト・エアラインズ、エアブリッジ・カーゴ、ポーラーエアカーゴなどの747-8Fが貨物専用便として運航している。

しかし、近年では、貨物専用機の分野でも双発機が幅を利かせるようになっていて、747-8

Ｆの受注が好調というわけではない。そのため、旅客型も含めて７４７の製造はそろそろ終焉となるのではないかと予想されている。

●ボーイング757（1982年初飛行　生産終了）

ボーイング７５７は７２７の後継機として誕生している。７２７は中距離機ながら3発エンジンのため経済性に富んだ機体とはいえなかった。そこで双発にして経済性を向上させたことになる。胴体直径は７２７などと変わらず、アブレストは３－３配置のナローボディ機である。

しかし、本来短距離用だった７３７の胴体を延長すると７５７の旅客定員とあまり差がなくなること、航続性能に関しても、短距離用だった７３７の性能が向上した結果、７３７でも中距離域をカバーできるようになったため、７５７は中途半端な存在となってしまい、すでに生産を終了している。

２０１６年現在、ボーイングの機体としては生産の終了したもっとも新しい機体ということになり、航空ファン的に考えると、不運だった機体と思われる向きもある。

７５７でも貨物専用機バージョンが開発され、７５７－２００を貨物専用機にした７５７－２００ＰＦという機材となった。ＰＦはPackage Freighterの略で、小口貨物を意味し、当初から宅配貨物などを載せることを想定した初の機体となった。

それまでの貨物専用機は、７４７－２００Ｆなど、大きな航空貨物を載せるという想定があり、小荷物輸送に専念する貨物航空機は開発されていなかったのである。そういう意味では、この機体は空飛ぶ宅配便用貨物航空機の先駆けであり、アメリカのＵＰＳ航空が世界で初めて導入した。その後は、貨物航空機を宅配便輸送に利用することは珍しいことではなくなったので、７６７、７７７などの貨物専用機は、宅配便用に使われていてもＰＦとは呼ばず、単にＦ型（Freighter）となった。

７５７の貨物機バージョンは、古くなった旅客機の改造などではなく、新造時から小口貨物（宅配便）用のバージョンが用意された初めての機体なので、宅配における航空貨物が発達していたアメリカ的な機体だった。

７５７－２００には貨客混載型の－２００Ｍも用意されたが、実際に導入したのはロイヤル・ネパール航空（現在のネパール航空）のみであった。機体前部に貨物、機体後部に旅客という珍しい構造である。

ネパールはヒマラヤ山脈の懐にたたずむ小国で、海がなく、海外からの物資輸送は陸路か空路になる。しかし、山が険しいため陸路での物資輸送は時間と手間がかかるため、貨客混載機の需要が高かった。このロイヤル・ネパール航空では、７２７を運航している時代から貨客混載機を運航していた。

このほか７５７－２００は、旅客型から貨物型への改造も７４７－４００同様システム的に行われ、７５７－２００ＳＦ（Special Freighter）になった。

これら７５７の貨物機は日系航空会社での運航はなく（日系航空会社では７５７自体採用していない）、海外からの貨物便でも７５７は多くない。中国の上海航空、ＵＰＳ航空の一部の便に使われていた程度である。

なお、前述のロイヤル・ネパール航空の機体は、かつて同社が関西へ乗り入れていた当時、貨客混載型の機体を全旅客型として乗り入れていた時期もあった。

●ボーイング７６７（１９８１年初飛行）

ボーイング７６７は22ページでも記した通り、通路が２列あるワイドボディ機であるものの、客室の居住性を優先した設計となっていて、床下の

図16-12　チャレンジエアカーゴの757。757-200PFはおもに宅配などの小口輸送用の貨物専用機として誕生した（マイアミ国際空港）

貨物室は小さく、他のワイドボディ機並みには貨物が搭載できないことから、貨物業界を中心に、「ワイドボディ機」ではなく「セミワイドボディ機」と分類されることがあるくらいだ。そのため、旅客便の７６７の床下は、機体の大きさのわりには多くの貨物を積むことができない。

しかし、この機体を旅客のことを考えず、胴体のすべてを貨物室にすると多くの貨物が収納でき、双発の経済性もあって、貨物専用機としての７６７は使い勝手のいい人気の機体である。

当初から貨物専用機として開発された７６７－３００Ｆがあるほか、旅客型の７６７－３００を貨物専用に改造したのが－３００ＢＣＦである。７６７－２００も多くが貨物専用機に改造された。たとえば、以前ＡＮＡが日本の国内線で運航していた７６７－２００は全機が引退し、その多くは貨物専用機に改造され、アメリカのＤＨＬ系列の貨物航空会社ＡＢＸエアに売却されている。

図16-13　全日空からABXエアに売却された767-200、エアボーン・エクスプレスが略されてABXエアとなった（関西国際空港）

この767は当初売れ行きが伸びなかった。床下の貨物搭載量が少ないだけでなく、航続距離もあまり長くなかった。また、当時は双発機には長い距離に渡っての洋上飛行も認められていなかった。旅客の居住性はよかったものの、そのほかには「767でなければ」というような取り柄がなかったのも事実である。

しかし、後に－300ERが登場し、航続性能は伸び、エンジン性能の信頼性向上型の長距離洋上飛行も可能となったことで、767は受注を増やしていった。そして、性能向上を果たした－300ERを貨物専用機としたことで、双発という経済性と多くの貨物を運べるという優れた機材となったのである。

日本でもANAカーゴの機材は767の貨物専用機にそろえられているほか、かつて日本航空が貨物専用機を運航していた当時は767の貨物専用機をアジア便に運航していた。

海外の航空会社でもアシアナ航空、ＵＰＳ航空、ポーラーエアカーゴなどが７６７の貨物機で日本へ乗り入れいている。

●ボーイング７７７（1994年初飛行）

ボーイング７７７は世界最大の双発機である。ジャンボ機こと７４７が世界で数を減らしているが、その大きな理由は、７７７のような大きな機体でも双発で飛ばすことができるようになったことであり、経済性に富んでいるからである。

その７７７にも７７７‐２００Ｆという貨物専用機バージョンがある。７７７には、基本型となる‐２００、胴体延長型の‐３００、胴体延長型で航続距離も伸ばした‐３００ＥＲ、そして、７７７のシリーズ中もっとも長い距離を飛べる‐２００ＬＲ（Long Range）とあり、その長距離型である‐２００ＬＲを貨物専用機としたのが‐２００Ｆである。

標準的なスペックでは、‐２００ＬＲの航続性能が１万７０００キロ以上になるのに対し、‐２００Ｆの航続性能は１万キロにも満たないことからも、いかに貨物専用機では貨物を多く積むことが前提になっているかが分かる。‐２００ＬＲも‐２００Ｆも、基本的なエンジンなどの性能は同じなので、７０００キロ以上飛ぶのに必要な燃料相当の重さを貨物として積むことが標準とされているのである。

ＥＲ（Extended Range）とＬＲ（Long Range）は両方とも長距離型という意味だが、どこが異なるのだろうか。

一般にＥＲというのは、基本型があり、その機体を基に燃料タンクを大きくするなどの改良を加えて長距離用とした機体なのに対し、ＬＲの場合、そもそも長距離用機材として、燃料を多く積んだ重い機体でも離陸できるように強力なエンジンを開発するなどして、長距離用として開発された機体になっているという違いがある。

777は767などに比べて新しい機体なので、777は2016年現在、当初は旅客機だった機体が、旅客機としての使命を終え、貨物機に改造された例はまだない。つまり、現時点で運航している777の貨物専用機は、すべてが当初から貨物専用機として誕生した機体で、旅客型からの改造機、また、窓のある貨物機などはない。しかし、将来777の旅客機が、旅客機としては引退というようなことになれば、改造貨物機も現れることであろう。

777－200Fを世界で初めて導入したのはエールフランスで、現在ではアメリカの貨物航空大手のフェデックス・エクスプレスがまとまった数の同機を運航している。フェデックス・エクスプレスでは、3発機だったDC－10やMD－11といった旅客機の多くを貨物専用機として運航しているが、777－200Fはそれらの機体の代替となるので、今後は貨物機の世界でも急速に双発化の流れが進み、3発機は貨物航空会社からも速いペースで退役が進むものと思われる。

日系航空会社での777貨物専用機の運航はなく、日本へ777貨物専用機を使って運航している例としては、中国国際貨運航空、ルフトハンザ・カーゴ、フェデックス・エクスプレスがあるほか、過去には中国貨運航空、エミレーツ航空、エールフランスも運航していた時期がある。

777という機体は、まだ新しいせいか、その活躍の中心は旅客便であるが、貨物便の世界でも双発機化が進んでいることからも、777貨物専用機の比率は増えていくはずである。

●ボーイング787ドリームライナー（2009年初飛行）

ボーイング787ドリームライナーは、ボーイング最新の機材であり、その特徴はそれまでの金属ではなく、炭素繊維複合材（プラスチック）製の軽くて頑丈な機体と低燃費で強力なエンジンと

図16-14　中国貨運航空の777-200F。今後の貨物専用機の主力となりそうな機体（アムステルダム・スキポール国際空港）

の組み合わせによる経済性に優れた機体である。

ボーイングでは７６７の後継機と位置付けているが、７６７が貨物室の大きさの関係からセミワイドボディ機と呼ばれているのに対し、７８７はれっきとしたワイドボディ機なので、貨物専用機としての資質も充分に備えている。

７８７は２０１１年にＡＮＡが世界に先駆けて運航をはじめたという新しい機体であり、現在は世界から受注した１０００機以上の注文に対して旅客機を量産している最中なので、貨物専用機バージョンの開発はまだはじまっていない。しかし、前述通り、貨物機としての資質は大いにある機体なので、いずれ貨物専用機バージョンが開発されるであろう。

謎017 旧ダグラス／旧マクドネル・ダグラスの貨物機

3発機が旅客便引退後も貨物便として活躍した

ダグラスはかつてアメリカでボーイングのライバルだった航空機メーカーである。日本航空ではプロペラ機全盛時代からダグラス機材を多く使っており、日本航空初のジェット旅客機もダグラスのDC－8であった。

ダグラス機材はDC－7までがプロペラ機、DC－8からジェット機になり、DC－8が4発長距離用機材でボーイングの707の対抗機種に、DC－9が双発でボーイングの737の対抗機種になり、DC－10は3発のワイドボディ機である。

DC－10は747ジャンボ機の対抗機種というわけではないが、747では一気に大型化が進んだため、747と他のナローボディ機の中間のサイズを埋める機種として日本航空など多くの航空会社で採用された機材である。

それ以降は、マクドネルと統合されてマクドネル・ダグラスとなり、機種名も「DC」から「MD」になり、DC－10の後継機はMD－11、DC－9は途中からMD－80シリーズ、MD－90シリーズに受け継がれた。

しかし、その後はヨーロッパ製エアバスの攻勢から、アメリカの航空機メーカーは統合を余儀なくされ、マクドネル・ダグラスはライバルであったボーイングに統合されることになり、ダグラスをルーツにする機材はMD－90シリーズの中のMD－97だけがボーイングの717として生産を受け継がれるが、その717も生産中止となり、現在では世界で運航するダグラスの血を引く機材は急速に少なくなっている。

しかし、日本では日本航空がDC－8、DC－10、当時の東亜国内航空（後の日本エアシステムを経て日本航空と統合）がDC－9、DC－10を採用したことなどから、ダグラスは日本と関わりの深い航空機メーカーである。

●ダグラスDC－8（1958年初飛行　生産終了）

DC－8は4発の長距離機で、707の対抗機となり、旅客機のジェット化に大きく貢献した機体である。世界のメジャー航空会社の国際線にジェット旅客機が登場した当時、パンアメリカン航空をはじめ、アメリカン航空、英国海外航空（現在のブリティッシュ・エアウェイズの前身の1社）、エールフランス、ルフトハンザドイツ航空などでは707を導入し、日本航空、ユナイテッド航空、デルタ航空、KLMオランダ航空、スイス航空、

図17-1　エア・カナダが運航していたDC-8-63F貨物機（トロント・ピアソン国際空港）

スカンジナビア航空などは対抗機種であるDC－8を導入した。当時の世界のメジャーな航空会社にはボーイング派とダグラス派が存在した。

707同様、この機材が活躍したのはジェット旅客機が普及しはじめた頃になるので、旅客便でもジェット便が少なかった時代といえ、まして貨物便にジェット便が運航されるのは後になってからである。それでもDC－8はベストセラー機であったため、旅客機としての使命を終えて貨物専用機に改造される例は多くあった。当初から貨客混載型とし、機体に大きな貨物ドアを備えた機体もあった。

日本でも日本航空と、その子会社で台湾関連の便のみを運航していた当時の日本アジア航空がDC－8の貨物専用機を運航している。成田空港が開港してからもこれらDC－8の貨物専用便は、おもにアジア路線の貨物便として活躍していた。貨物専用機ゆえに日本航空と日本アジア航空共有の機体があり、台湾には鶴丸のロゴマークが入った機体で運航することができなかったため、尾翼にロゴマークを入れていない機体もあった。各国のロゴマークの入った機体が並ぶ成田空港において、少し異彩を放つ機体であった。

海外の航空会社では、エア・インディア、アメリカのフライング・タイガー・ライン（フェデックス・エクスプレスと統合された）がDC－8の貨物専用機で日本へ運航していた。

定期貨物便以外では、アメリカ軍のチャーターする輸送機として、アメリカの貨物航空会社のDC－8がしばしば在日米軍基地へ飛来していた。DC－8が旅客便としてほとんどの機体が引退した後も、DC－8は長らく貨物専用機として活躍したもので、とくに南米などにはそういった機体が多かった。騒音規制の問題から、バイパス比の高い高性能なエンジンに載せ替えたDC－8－70にも貨物機に改造された機体があり、細いスマー

図17-2　イベリア・スペイン航空のDC-8-62Fがカーゴドアを開けて貨物積み込み準備中（マドリード・バラハス国際空港）

図17-3　エメリー・ワールドワイドのDC-8-73CFはDC-8-63CFのエンジンをバイパス比の高いものに装換したもの（ニューヨーク・ジョンFケネディ空港）

トな機体にビア樽のような太いエンジンが印象的であった。とくに窓のない貨物機の場合、スマートさが強調されていた。

●ダグラスDC－9（1965年初飛行　生産終了）

DC－9はDC－8に続くダグラスのジェット旅客機で、DC－8が長距離国際線用なのに対し、DC－9は短距離用の機体である。双発機ながらエンジンは主翼ではなく後部にあるので、主翼にはエンジンがぶら下がっておらず、そのため車輪の脚が短く、地上を走行する際は地をはっているような印象もある。ボーイングの737のライバル機であるが、737のアブレストが3－3配置なのに対し、DC－9は2－3配置と胴体直径が小さく、そのぶん小柄な機体となり、大きな貨物を載せるには不利だったせいか、貨物専用機バージョンは開発されていない。

しかし、実際には旅客機として引退したDC－9が貨物専用機に改造され、貨物型として運航する航空会社も少なくなかった。とくにアメリカではDC－9の貨物機はけっこう目にしたものである。DC－9が世界で活躍をした当時は、現在のように国際宅配貨物などは発達しておらず、貨物専用機といえば、「大きなものを運ぶ」というのが世界の常識であった。

そんななか、アメリカ国内ではその頃から航空機による小口貨物輸送が盛んであった。国土が広く、主要都市間はトラック輸送では何日もかかってしまうが、航空機で運べば東海岸から西海岸でも半日で到着する。

なぜアメリカでは当時から小口輸送が盛んであったかというと、現在のようにインターネットが発達する以前からアメリカでは通信販売が盛んであったことも大きな要因のひとつである。アメリカでは、大都市や大都市周辺以外では、日本のような大型スーパーマーケットや家具・雑貨を扱う品ぞろえのよい店は意外に少なく、その代わりに

図17-4　アメリカのエアボーンエクスプレスDC-9-33F。世界的にはDC-9の貨物専用機は少なかったが、アメリカでは小口輸送が盛んなため日本の宅配トラック感覚で使われていた（サクラメント国際空港）

カタログによる通信販売が発達していたのである。そういった通信販売を支えたのが小口の航空貨物である。

●ダグラスDC－10（1970年初飛行　生産終了）

ダグラス社初のワイドボディ機はDC－10であった。世界初のワイドボディ機747ジャンボ機が先に登場しているが、707が主流だった長距離国際線に、いきなりその707の倍以上の乗客が乗せられる747が登場したので、その中間サイズを埋める機体が必要だったのである。DC－10は主翼に2発、後部に1発という3発機として登場し、日本でも日本航空が導入していたし、数が2機と少ないが、当時の日本エアシステムでも運航していた。

DC－10はその大きな機体と3発エンジンという特徴を活かして、貨物機としても重宝された。DC－10－30を貨物機仕様としたDC－10－30Fが当初からの貨物専用機として開発されたほか、

図17-5　フェデラル・エクスプレス（現在のフェデックス・エクスプレス）のDC-10-30Fは旅客型からの改造で、当初は窓をのこしたまま飛んでいた（ニューアーク国際空港）

旅客型として引退した機体の多くは貨物専用機に改造されて長らく活躍した。中でもアメリカの大手貨物航空会社フェデックス・エクスプレスでは、当初からのＤＣ－10貨物機と旅客型ＤＣ－10を改造した貨物機の双方を多く運航した。前者には窓がなく、後者は窓のある機体であった。貨物機は旅客機に比べて重いものを運ぶことが多く、その重い機体を離陸させるには３発機は都合がよかったのである。もちろん「燃費」という点では双発機に比べて劣る３発機であるが、貨物専用便の場合、限られた滑走路の長さで重い貨物を運ぶためには、燃費だけを優先していたのでは、実際に運用できない部分もあったのである。

このようなことから、７７７などが登場し、双発で長距離を飛べるようになり、７７７とほぼ同じ定員ながら、３発エンジンのＤＣ－10は、急速に旅客機としての役割が薄れていくのだが、貨物便という需要があったために、多くのＤＣ－10が

図17-6　アエロフロート・ロシア航空のDC-10-40F貨物機。この機体は元日本航空の旅客機（成田国際空港）

生き残ることができた。

日本では日本航空が多くのDC-10を運航するなど、DC-10が多く活躍した国ではあったが、DC-10の貨物機を運航する航空会社はなかった。しかし、かつてはアエロフロート・ロシア航空、カーゴイタリア、フェデックス・エクスプレス、ユナイテッド航空などがDC-10の貨物便を日本へ運航していた。

●マクドネル・ダグラスMD-11（1990年初飛行　生産終了）

MD-11はDC-10の後継機で、この機体が開発された頃はダグラスはマクドネルと統合されていたので、DC-11とはならずMD-11となったのである。機体が延長されたほか、コクピットクルーは2人乗務に、主翼先端にはウイングレットが装備されたが、主翼に2発、後部に1発の3発機であるというのはDC-10同様である。

MD-11にはMD-11Fという貨物機バージョ

図17-7　UPS航空のMD-11F。写真の機体は元日本航空の旅客機だったもの（成田国際空港）

ンが製造されたほか、MD－11Cという貨客混載型、MD－11CFという、旅客型、貨物型の双方に変換できる機体も用意された。ただし、C型を導入したのはアリタリア航空のみ、CF型を導入したのはオランダのマーチンエア・ホランド（KLMオランダ航空系列）とアメリカのワールド・エアウェイズのみであったが。しかしマーチンエア・ホランドは夏のバカンスシーズンには旅客型にして地中海のリゾート地などへ運航、冬季は貨物便として運航、ワールド・エアウェイズでは、アメリカ軍のチャーターなどで人員・物資双方に対応するなど、機体の特徴を活かした運航を行っていた。

F型は多くの貨物航空会社に導入されたほか、フェデックス・エクスプレス、UPS航空、エバー航空のMD－11Fは現在でも貨物便として日本へも乗り入れている。過去も含めれば、中国東方航空、トランスマイル航空、サウディア、アエロフロート・ロシア航空、ルフトハンザ・カーゴなど多くの国のＭＤ－11の貨物機が日本へ乗り入れていた。

ＭＤ－11は比較的新しい機体であるにもかかわらず、双発機の性能が向上したため、３発という燃費の悪さから急速に旅客機から引退し、現在は世界中探してもＭＤ－11の旅客便を見ることはなくなった。しかし、機体の多くは貨物機に改造されて現在でも飛んでいるものが多い。ＭＤ－11はＤＣ－10の後継機だったことから、ＤＣ－10を採用していた航空会社では多く導入されていて、日本航空もその１社であった。そして日本航空でもＭＤ－11は３発機の燃費の悪さから引退が早かったが、全機がアメリカのＵＰＳ航空などに売却され、貨物機として健在である。

日本航空のように、旅客便としてＭＤ－11を運航したのち、貨物航空会社に払い下げて貨物機に改造された例は多いが、中国東方航空やエバー航空のように、自社で運航していた旅客型のＭＤ－11を、貨物機に改造して自社で貨物便として運航する会社もあり、貨物機としての運用方法はさまざまであった。

しかし、燃費のいい双発機の活躍範囲は貨物機にまで押し寄せており、貨物便の世界でも３発機の活躍範囲が狭められていることも事実で、ＭＤ－11Ｆの代わりに777－200Ｆなどを運航する航空会社が増えている。

変わり種の機種としてＭＤ－10という機材が数は少なかったが存在した。ＭＤ－11はＤＣ－10の後継機で、外観以外でも操縦系統が近代化され、ＤＣ－10のコクピットクルーが３名であるのに対し、ＭＤ－11のクルーは２名になっているが、ＤＣ－10の中身を刷新して２名乗務にした機体がＭＤ－10で、フェデックス・エクスプレスでのみ採用された機体だ。ＭＤ－10としての新造機はなく、すべてＤＣ－10からの改造機である。

謎018

ロッキードの貨物機

L-1011の少数が貨物機に改造された

●ロッキードL-1011トライスター（1970年初飛行　生産終了）

ロッキードはプロペラ機全盛時代にはコンステレーションほか、傑作機を数多く開発した。しかし、ジェット旅客機第1世代と呼ばれる機体開発は行っていない。軍用機に力を入れていて、アメリカ軍が必要としていた大型輸送機C-5ギャラクシーを開発し、この機体がボーイングと対抗し、ボーイングの輸送機案はロッキードに敗れ、そのお蔵入りになりそうだった輸送機案を旅客機に転用したのが747ジャンボ機であることは記した。

747が世界に普及すると空の大量輸送時代到来となる。747登場以前は707やDC-8といった機体が最大の旅客機だったのに、一挙に500席にもなる大型機が現れ、707やDC-8と747の中間を埋めるサイズの機体が望まれた。それに答えたのがダグラスのDC-10や、ロッキードのL-1011トライスターなのである。

DC-10とL-1011は、ともに通路が2本あるワイドボディ機で、エンジンは主翼に2発、後部に1発とスタイルは酷似していた。ロッキードにとっては、初めてのジェット旅客機開発がワイドボディ機となった。サイズや用途がほぼ同じだったため、ダグラスとロッキードは激しい売り込み合戦を繰り広げるのである。

日本ではDC-8を運航していた流れから日本

航空がＤＣ－10を導入、全日空もＤＣ－10導入を検討していたが、そこに政治的圧力でＬ－１０１１導入となったのが、ロッキード事件である。政

図18-1　数は少なかったもののL-1011トライスターを貨物機に改造した機体もあり、大きな貨物ドアが設けられていた（サンノゼ国際空港）

界を巻き込んでの売り込み合戦が繰り広げられた。

このような経緯があるため、Ｌ－１０１１は、優れた性能を有しながらも、生産機数は３００機に満たずに終了し、ロッキードは以降、旅客機開発を行わなくなる。しかし、このＬ－１０１１は、軍用機を多く手掛ける技術力の高いメーカーが開発した民間機ということで、とくに操縦系統や自動操縦装置のレベルは高かった。

Ｌ－１０１１では貨物型は開発されなかったが、一部の機体は貨物機に改造されてアメリカの貨物航空会社で運航されたが、その数は少なかった。もともと航続距離の長い機体ではなかったためか、日本へ運航する航空会社もなく、日本ではＬ－１０１１の貨物型はなじみのない存在である。

ロッキードはその後、マーティン・マリエッタと統合されてロッキード・マーティンとなり、民間機開発からは撤退し、現在も軍用機、人工衛星などの開発を行っている。

謎019

エアバスの貨物機

エアバスは後発のため、貨物機はまだ少ない

エアバスは現在ボーイングと民間機のシェアを世界で二分する存在で、両者の勢力は拮抗している。エアバスが世界最大の旅客機A380を開発すれば、ボーイングは世界で初めて機体を炭素繊維複合材とした軽くて燃費の優れた787ドリームライナーを開発するというように、両者は新機材開発合戦を繰り広げるライバル同士となっている。しかし、エアバスが世界的な航空機メーカーとなったのは比較的最近のことで、ボーイングほどの歴史はない。

世界初のジェット旅客機は77ページでも記したように、イギリスのデ・ハビランドが開発したDH・106コメットであるが、人類初のジェット旅客機ゆえに高高度での飛行は予想以上の金属疲労を起こし、3度の事故を起こしてしまい、世界に普及することはなかった。結局、後発だったものの、コメットの失敗の教訓に学ぶことができたボーイングの707や、ダグラスのDC－8が実質的な第一世代のジェット旅客機として世界に普及した。つまり、このDH・106コメットと707やDC－8を比べると結果的にアメリカの勝利となっている。

コメットの次にヨーロッパが開発したのがイギリスとフランス共同開発の超音速旅客機コンコルドであったが、騒音の大きさ、燃費の悪さ、長い滑走路が必要、また、オゾン層を破壊するなどの

環境問題からやはり世界に普及することはなかった。対するボーイングが開発した747ジャンボ機が、世界に普及して空の大量輸送時代を築いたのである。つまり、ジェット旅客機開発競争第2幕が超音速のコンコルドと大量輸送の747ジャンボ機だとすれば、ここでもアメリカの勝利となったのである。

そこで、ヨーロッパが「3度目の正直」として満を持して旅客機開発に取り組んだのがエアバス製のA300であった。ヨーロッパとしても3度失敗するわけにはいかないという気持ちで開発、コメットがイギリス単独、コンコルドがイギリスとフランス共同だったが、エアバスではフランス、ドイツ、イギリス、スペインなどが参加し、ヨーロッパの航空技術を結集しての開発となった。

コメット、コンコルドのときとは異なり、控えめの姿勢での開発になったことも確かで、747の登場で、旅客機のサイズが200席から一挙に400席へと大型化していたので、その間のサイズを埋める300席を目指し、オイルショックで世界がジェット燃料高騰に悩まされていたことから、双発エンジンの経済性の高い機体とし、おもにヨーロッパ内で使うことを目標とした。2度もアメリカに敗北しているので、世界制覇というより「自分たちで使う機体くらいは自分たちで開発しよう」という高望みをしない姿勢での開発開始であった。そして完成したのがA300という双発ワイドボディ機であった。「300」は300席を目指したからであった。

ところが、慎重な開発姿勢が功を奏したのか、徐々にA300は世界で認められるようになる。当時は中距離以上を飛ぶジェット旅客機というと707や747のように4発エンジンが当たり前だったのに、A300は双発なのにワイドボディだったので、経済性に優れた機体だったのである。このA300は、当時の日本でも東亜国内航空

（後の日本エアシステムで、現在の日本航空の前身の1社）が国内線用に導入した。この次期、日本の国内線では日本航空と全日空がジャンボ機を運航していて、東亜国内航空にも幹線進出が認められ、双発で多くの乗客を乗せられることから導入となったのである。

世界に普及したエアバス機は、後にワイドボディ機では初めてコクピットクルーを2人としたハイテク機、A310やA300－600Rを登場させ、操縦系統のコンピュータ化に力を注ぐ。

1987年には世界でもっとも必要とされている150人乗り程度の機体としてA320が初飛行し、この機体がエアバス躍進のきっかけとなる。A320からは「フライ・バイ・ワイヤ」といって、操縦系統を電気系統で操作するようにし、それまでの航空機には付き物だった操縦桿をなくし、パイロットはサイドスティックで、まるでコンピュータゲームのような感覚で機体を操ることとなった。こうすることによって異なる機体でも操縦性を統一できるようになり、異なる機種を導入する度にパイロットの訓練が必要になるという従来の制度を大きく変えたのである。

異なる機種でも操縦系統を統一することで、航空会社の負担は軽減され、ますますエアバスのシェアは大きくなった。1994年には1年の機体受注数がボーイングとエアバスで同数となり、1995年にはエアバスが初めてボーイングを上回ったのである。以降はボーイングとエアバスは抜きつ抜かれつを繰り返すようになった。

エアバスの攻勢に対し、アメリカではそれまで旅客機も生産していたロッキードが旅客機分野から撤退、かつてボーイングとライバル争いを繰り広げていたマクドネル・ダグラスはボーイングと統合され、その後、旧ダグラスや旧マクドネル・ダグラス性の機体は生産終了となった。しかし、このマクドネル・ダグラスのボーイングへの統合によって、それまでマクドネル・ダグラス派だった航空会社、たとえばスイス航空やフィンエアーなどがエアバスへと鞍替えしたため、ボーイングとマクドネル・ダグラスの統合で、かえってエアバスのシェアは伸びたともいわれている。

エアバス機に全般的にいえることは、ボーイング機などアメリカ製の機材に比べると、貨物機の割合が少ない。これは、一般的には旅客機としての使命を終えた機体が貨物専用機に改造されるという流れがあるが、エアバスはボーイングや旧マクドネル・ダグラスよりも後発だったため、全体的に機体が新しいということが関係している。それでもエアバス機でも初期の機体だったA300やA310は多くが貨物機に改造されている。いっぽうエアバス機でもっとも数が多いA320では、2016年になって、ようやく旅客機を貨物専用機に改造するプログラムがはじまっている。

それでは、エアバス機も機種別に眺めていこう。

●エアバスA300（1972年初飛行　生産終了）

エアバス最初の機体はA300であった。300席を目指したため「A300」を名乗り、計画通り、全席をエコノミークラスにすれば約300席となるワイドボディ双発機となった。747ジャンボ機などより小ぶりの機体であるにも関わらず、床下の貨物室に747に収納するのと同じ貨物コンテナULD－3が載せられるなど、貨物輸送にも重点をおいた機体であった。

日本では当時の東亜国内航空が導入し、日本エアシステムに引き継がれ、日本の国内線と近隣国際線に活躍、さらに日本航空と統合したことで日本航空に引き継がれて運航した。現在では引退し、世界に目を向けてもA300の旅客便はほとんど姿を消してしまったが、貨物専用機に改造された機体は現在でも活躍している。東亜国内航空が導入した機体も多くは海外に売却されて貨物機に改造された。日本発着便でいえば香港のエア・ホン

図19-1　トルコのMNGエアラインズのA300-600Fは元中国東方航空の旅客型からの改造（イスタンブール国際空港）

コンが運航していて、需要の多い成田便は747で運航するものの、中部便と関西便はA300－600Fという貨物専用機が使われている。

A300には基本型とA300－600という胴体延長型、さらにA300－600Rというコクピットクルーが2人になったハイテク機があり、機体の多くはA300－600Rで、A300－600Rには製造当初からの貨物専用機もある。

期間は短かったが日本の貨物航空会社で使われたこともあり、佐川急便系列の貨物航空会社だったギャラクシーエアラインズが佐川急便のトラックと同じデザインのA300貨物専用機を日本の国内に運航していた。しかし需要が伸びず燃料高騰の追い打ちもあり、長続きすることはなかった。

過去には大韓航空、中国東方航空（後に中国貨運航空となる）もA300の貨物専用機を日本便に運航していた。

A300の貨物専用機にはユニークな機体もあ

図19-2　絵画輸送で成田に飛来したこともあるA300ST「ベルーガ」

る。それがA300ST（Super Transporter）ベルーガという機体である。この機体はヨーロッパ各国で製造されたエアバスの部品を最終組み立てラインのあるフランスのツールーズやドイツのハンブルクの工場に運ぶための機体で、A300の機体が飛行船のような貨物室をさらにおんぶしたようなスタイルをしていて、通常のA300とは異なる機体に見えるほど外観は個性的だった。

コクピット部分を見ると、「A300を基に製造されたのだな」と感じ取ることができる程度で、オリジナルのスタイルとはかけ離れている。垂直尾翼の形状も独特のスタイルをしている。「ベルーガ」はシロイルカの意で、そのスタイルから命名された。

ベルーガは5機あり、普段はヨーロッパから出ることはないが、日本へ飛来したこともある。「日本におけるフランス年」だった1999年、フランスの名画家ドラクロワの「民衆を導く自由

図19-3　フェデックス・エクスプレスのA310F。A310の貨物型はすべて旅客機からの改造（関西国際空港）

の女神」が日本で公開されたことがあり、その絵画輸送に使われたのである。A300の仲間であるので双発機であるが、747の貨物機よりも貨物室の高さがあり、絵画を横にすることなく収納できたのである。

●エアバスA310（1982年初飛行　生産終了）

A300-600Rの性能をそのままにし、機体を短くすることで燃料搭載量を増やし、航続距離を長くしたのがA310であった。A310も旅客機としての運航は少なくなり、現在では日本便にA310を運航するのはパキスタン国際航空ただ1社になってしまった。また、A310は日系航空会社に導入されることはなかった。この機体も多くが貨物機に改造されて余生を送っている。

この機体では最初から貨物機としてのバージョンが用意されていたものの、実際にA310の貨物専用機を発注する航空会社はなかったので、A310の貨物機は全機が旅客型からの改造機である。

多くのA310貨物専用機を有しているのはアメリカの大手貨物航空会社であるフェデックス・エクスプレスで、最初の貨物改造機を導入したのも同社だった。その後も多くの旅客型A310がフェデックス・エクスプレスに売却されて貨物機となった。

●エアバスA320ファミリー（1987年初飛行）

A320はボーイングの737に対抗する機種で、世界でもっとも必要とされている150席程度のナローボディ機である。国内線や近距離国際線に運航され、LCCでも多用している機体でもある。A320ファミリーはすでに1万2000機以上の受注を得ていて、エアバス躍進のきっかけとなった機体でもある。機構的にもフライ・バイ・ワイヤを採用し、A320以降に開発されたエアバス機は、A320同様の操縦系統に統一された。このA320を操縦できるパイロットは、世界最大の旅客機A380の操縦免許も比較的容易に取得することができる。つまり、大きさの違いだけで、操縦方法自体には大きな差はないというわけだ。A320は派生形が多く、機体を短くしたA319、さらに機体を短くしたA318、機体を長くしたA321があり、これらの機体を総称してA320ファミリーと呼んでいる。

737の貨物収納がバラ積みだけなのに対し、A320では専用コンテナが用意されるなど、貨物輸送では優れた特徴がある。このことは機体の形からも見てとることができ、737は全体に丸みを帯びた機体であるのに対し、A320ファミリーの機体は胴体の前後方向が直線で構成されていて、いかにも床下にはコンテナという直線で構成された箱が収納できて、前後にスライドできるようなスタイルとなっている。

しかし、A320の床下を使って貨物輸送を必ず行っているともいえない。A320が飛ぶのはローカル線も多く、ローカルな空港ではコンテナを出し入れするような支援設備がない場合もある。結果としてA320を使って本格的に貨物輸送を行っているとは限らないのだ。

LCCの場合は、空港での折り返し時間を短くし、機体の稼働率を上げて運賃を安くするというのが常道である。そのため貨物輸送を伴うと、空港での折り返し時間が長くなり、やはり貨物輸送を行うことは少なくなる。

LCCでは乗員が機内清掃をするなど、折り返しの清掃の時間すら切り詰められており、この折り返し時間内に貨物を搬入する時間をつくるのは難しい状況である。

現時点ではA320の貨物専用機がないのも事実で、貨物機に縁がない機体でもある。それだけ旅客機としての使い勝手がよかったともいえるが、2016年からA320の貨物機への改造プログラムが実施されることになり、今後は導入から時間の経った旅客型の貨物専用機への改造が盛んになるかもしれない。

●エアバスA330（1992年初飛行）

A320で培われた技術を基にして開発されたワイドボディ機で、A300の後継機にあたるのがA330である。A330自体は1992年に初飛行した機体で、基本となるA330－200と胴体を延長したA330－300があるが、貨物型のA330－200Fが開発され初飛行したのは2009年になってからである。

貨物型開発にあたって若干の設計変更も行われた。A330は全脚が短く、地上にいるときは機体が少し前方に傾斜している。これはA330の特徴でもあり、この機体に乗ると、離陸前は少し映画館のように後方の席が高いところにある。

しかし、旅客機としてはこれでも問題はないが、貨物機としては、機内にコンテナやパレットを出し入れする際、前方から載せたコンテナなどを後方に移動させても、固定するまでは傾斜で移動してしまう恐れなどがあるので、機体は水平のほうがいい。かといって抜本的な設計変更になると新

図19-4　全脚部分の出っ張りがあるのがA330-200Fの特徴である（成田国際空港）

たな機体を開発するほどの手間が必要になってしまう。

そこで、全脚を長くし、その収納スペースは機体からはみ出した出っ張り部分で補うという方法が採用された。そのため、Ａ３３０－２００Ｆは全脚部分の機体に出っ張りがあり、これが外観上の大きな特徴となった。

日本の航空会社での採用はないが、香港航空とマレーシア航空がＡ３３０の貨物型を使って日本便を運航している。

Ａ３３０では、－２００Ｆ貨物機をベースにした特殊な機体も開発中である。Ａ３００の項で、Ａ３００ＳＴベルーガを紹介したが、エアバスではＡ３５０ＸＷＢの生産が軌道に載り、Ａ３２０neo（New Engine Option）の受注も伸びているので、部品の行き来も活発になることから、新しい機体部品輸送機の開発となった。Ａ３００をベースにしたベルーガも、いずれ退役するので、Ａ

330－200Fをベースにした新ベルーガが誕生することになったのだ。

A330の旅客型から貨物型への改造は現在のところは行われていない。A330を4発にしたA340も貨物型への改造は行われていないが、A340の後継となり、ボーイングの787の対抗機となるA350XWBにはA350－900Fという貨物型が計画されている。

A330と並行して開発されたのがA340で、A330が双発であるのに対し、A340は4発機である。4発機なので本来は貨物機に適しているかのように思われるものの、A340もA330同様に、地上にいるときに機体前方が少し下方に傾斜していて、貨物専用機向きではないこと、4発機ということでA340がすでに生産を終了していることなどから、A340には貨物機バージョンはない。また、旅客機として退役したA340を改造して貨物機にするといったことなども行われていない。

A340は4発機ということで、比較的新しい機体にも関わらず経済性に劣るため、旅客機としての活躍場所を減らしている。退役したA340は、長距離性能を活かして、政府専用機などの類に改造されるケースが多くなっている。

●エアバスA350XWB（2013年初飛行）

A350は、787ドリームライナーの対抗機として計画され、当初はA330を基本とし、いわばA330を流用し、手直しするスタイルで開発されようとしたが、航空会社からの賛同が得られず、発注が787に流れたため、エアバスでは、A330の手直しではなく、胴体から新たに設計して開発することになった。胴体から設計しはじめるためXWB（eXtra Wide Body）が付け加えられてA350XWBとなったのである。

A350－800が基本型で、胴体延長型の－900、－1000も計画されていて、そのうち

－900というバージョンには貨物機も計画されている。

●エアバスA380（2005年初飛行）

A380は世界最大の旅客機である。総2階建て構造をしていて、キャビンが大幅に広くなった。世界ではファーストクラスが廃止される傾向にあったが、この機体の登場でファーストクラスが個室となって復活した航空会社も多かった。広いキャビンはさまざまな使い道があり、シャワールームを設ける航空会社や、本格的なラウンジを設置する航空会社もあった。

そんなA380には、就航以前はA380－800Fという貨物型も計画されていて、実際にアメリカの大手貨物航空会社2社となるフェデックス・エクスプレスとUPS航空が発注していた。ところが、A380は旅客型の航空会社への納入が遅れ、当然、貨物型の開発も遅れることになったため、アメリカの貨物航空会社2社からの発注はキャンセルとなり、事実上開発は中止となっている。もちろん開発計画にあった機体なので、発注さえあれば機体は製造されるだろうが、世界の貨物航空会社はA380に関心を示していない。

A380は一般には貨物機向きとは思われていないようで、多くの乗客を乗せるために床面積が広い割に、空間すべてを貨物室にしても大きいものを載せられるわけではなく、747－8Fで載せられないものがA380－800Fでなら載せられるというわけでもない。また、2階席に貨物コンテナを積むには、専用の施設が必要になり、乗り入れ空港が限られてしまう。するとA380の貨物型は、並みのサイズの貨物がたくさん積めるくらいしかメリットがなく、経済性に富んだ運航ができないのである。

A380の旅客型を142機も発注しているエミレーツ航空でも、貨物機は777や747などボーイング機で運航している。

謎020 旧ソ連製の機体

軍民両用の輸送機として開発、世界一大きな機体もある

旧ソ連製の貨物機は、ボーイングやエアバスの貨物機とは開発過程や使われかたにかなりの差がある。「差がある」というより「別物」と思われるほどに大きな違いがある。旧ソ連、現在のロシア製の貨物機の謎を探ってみよう。

旧ソ連製の貨物機には、イリューシンIL－76キャンデッド、アントノフAn－124ルスラーンなどがあるが、これらは「貨物機」というより「輸送機」として開発されている。

ボーイングやエアバスの貨物機に共通しているのは、「旅客機」を開発し、その機体を使って「貨物機」バージョンも開発しているということだ。基本が旅客機で、それを貨物用に流用している。

それに対して旧ソ連製貨物機の多くは、もともと貨物などを運ぶための軍民両用の輸送機として開発されている。そのためIL－76やアントノフAn－124などには旅客機バージョンが存在しない。

軍民両用の輸送機として開発されているので、外観も民間機というより軍用機のスタイルである。これらの機体は高翼といって主翼が胴体の上方に取り付けられている。

ほぼ同じ用途でも民間機として開発されるか軍用機として開発されるかでどういう違いがあるだろうか。一般に民間機の飛行には「安定」が求められるのに対し、軍用機には「運動性」が求められ

れる。たとえば民間機の場合、操縦桿を少し強く操作しても機体は何もなかったかのように緩やかに旋回するとしたら、軍用機の場合は操縦桿の操作によって、機体は急旋回や急上昇に対応しなければならない。民間機でもプロペラ機などの小型機を中心に高翼機が多くなっているが、それには離島の短い滑走路に対応したり、騒音を市街地に撒き散らさないように急上昇、急降下に対応するという意味がある。

旧ソ連製の機体の多くにはＩＬ－76なら「キャンデッド」などと愛称が付いていて、これは「コードネーム」といわれている。西側でもボーイング７４７「ジャンボ」とか７８７なら「ドリームライナー」などと愛称があるが、全機種に必ず付いているわけではない。アメリカでも、軍用機開発の多かったロッキードの機体には、Ｌ－１０１１トライスター、Ｌ－１８８エレクトラ、Ｃ－１３０ハーキュリーズなどと多くのサブネームのようなものがあり、これは軍用機の機種の付け方の習慣なのかもしれない。

たとえば日本でも話題の「オスプレイ」は、「オスプレイ」は愛称であり、この機体の「７４７」にあたる部分はＶ－22という。ボーイングとベル（ヘリコプターメーカー）が共同開発したＶ－22オスプレイなのである。

話を旧ソ連製機体に戻すが、旧ソ連ではイリューシン設計局、ツポレフ設計局などが航空機全般を開発し、ソ連および、当時の東側といわれた東欧やキューバ、また中国などでも使われていた。一般に当時のソ連は、西側に比べて航空機エンジンの開発などは遅れていたが、航空宇宙の分野で世界に抜きんでた技術を持っていたことも確かで、多くの航空機メーカーというか設計局を持っていた。

当時、日本へ乗り入れていた民間機だけでもイリューシン、ツポレフ、ヤコブレフ、アントノフとあり、さらに軍用機を開発していたスホーイ、ミグと多くの設計局があった。このうちスホーイは東西冷戦終結後は軍用機だけでなく民間機の開発も行うようになった。「イリューシン」「ツポレフ」などは人名で、機体の設計者の名前なのだそうだ。確かに「ヤコブレフ」などというのはロシアではポピュラーな人名である。

東西冷戦が終結した現在は、イリューシン、ツポレフ、ヤコブレフ、スホーイ、ミグを統合しようという動きがある。これらが統合されて、高性能な航空機を開発すれば世界に販売することは可能であろう。

アントノフだけはこの括りとは別で、旧ソ連の航空機設計局であることは確かだが、アントノフだけは現在のロシアではなくウクライナにあったので、ウクライナの航空機メーカーという道を歩んでいる。

旧ソ連製貨物機は運用の面でも西側の機体とはかなり異なる部分がある。それは、旧ソ連製貨物機には、ボーイングの７４７－８Ｆなどアメリカ製最新貨物専用機よりも、さらに重い重量物を運べる機体があるにもかかわらず、定期貨物便で運航されていないことである。たとえば、ロシアの貨物航空会社エアブリッジ・カーゴは成田に定期貨物便で乗り入れているが、旧ソ連製機材は使っておらず、使用機材は７４７である。旧ソ連製貨物機は、軍民両用の輸送機として開発されていて、機体の多くは軍使用を基に開発されており、商用飛行向けではないことを意味している。

旧ソ連製貨物機は、搭載能力などで優れたものがあるものの、宅配貨物航空会社などにとって使い勝手がいいようにはつくられてはおらず、世界的に見ても定期貨物便では運航されていない。「特大物を空輸しなければならない」といった特殊な需要の際にチャーターで飛んでおり、災害派遣、救援物資輸送、変わったところでは大物アーチストの舞台道具輸送などで日本へも飛来している。

ボーイングやエアバスの貨物機とは、機体構造もかなり異なる。ボーイングやエアバスの貨物機はすべて旅客機をベースに、それを貨物型にしている。そのため、貨物機であっても旅客機の場合に床だった部分は存在する。旅客機の場合は床上が客室で床下が貨物室になり、貨物機の場合は床下はそのまま貨物室で、床上も貨物室にしたと考えればいい。床上の大きな空間に大きなコンテナやパレットや特大物も積むことができる。そのため、ボーイングやエアバスの貨物機は、特大物の輸送はあまり視野に入れられておらず「大きな空間があるので特大物だって運ぼうと思えば運べますよ」程度の設計である。定期貨物便で使うことが前提なので、定期的に運ばれる貨物の場合はパレットに載せられるものや、コンテナに収納できるものがほとんどであるからだ。

それに対し、旧ソ連の輸送機は特大物を運ぶのが得意な構造になっている。軍民両用なので、戦車やヘリコプターなどを運ぶことが前提になっていて、逆に旅客機として使うことは考えられていないので、ボーイングやエアバスの貨物機にある「床」に相当する部分がない。機体直径ギリギリのサイズまで貨物を収納できる。

それならばボーイングやエアバスの機体でも床を撤去してしまえば大きな空間が得られると思われるが、そう簡単ではない。床があることが前提で機体が開発されているので、床がないと強度不足になってしまう。また、旅客機の場合、低翼機なので床下スペースの機体中央には主翼が機体を貫いており、その部分は燃料タンクであり、機体によっては車輪収納スペースでもある。そのため、仮にボーイングやエアバスの貨物機に床がなかったとしても、大きな空間は機体中央で前後に分断されてしまうのである。

その点、旧ソ連製輸送機は高翼機なので、主翼が機体上方にあり、車輪も機内の貨物スペースを邪魔しないように機体からはみ出たスペースに収納されるよう工夫されている。

貨物便は「商用」で考えると、パレットやコンテナを使って運ぶものがほとんどなので、いわば機内が一般家庭でいう戸棚のようになっていたほうが便利である。その点、旧ソ連製輸送機は、コンテナ搭載などを前提としておらず、大きな貨物容量を持ちながらも、定期貨物便に使われることがない。

●イリューシンIL-76キャンデッド

「イリューシン」という機体は日本では旅行好きの一定以上の年代の人にはなじみがあるかもしれない。かつて東西冷戦時代、日本から格安に、しかもシベリアルートで速くヨーロッパへ行くには、アエロフロート・ソ連航空（現在のアエロフロート・ロシア航空）を使うのが手っ取り早かった。

図20-1　イリューシンIL-76キャンデッドは北朝鮮でも使われている。写真は以前、松茸を運んで日本へ飛来したときのもの（名古屋空港）

そして日本便の機材がイリューシンＩＬ－62だったのである。西側ではボーイング、ダグラス、エアバスの最新機材が主流だったので、ソ連製ＩＬ－62は機内が狭く、そのわりには4発の騒音の大きいエンジンで、西側機材に対して性能が劣っていたのは素人目にも明らかであった。

そんなイリューシンの貨物専用機がイリューシンＩＬ－76キャンデッドであった。外観は軍用機で、軍民両用の輸送機として開発されている。高翼の4発機で、西側の民間貨物機と大きく違っていたのが貨物の搭載方法であった。旅客機の貨物機バージョンでは機体横に貨物ドアがあるので、貨物は機体と垂直方向に積まれて、機内に入った後に前後方向にスライドさせることになるが、ＩＬ－76では貨物ドアは機体後方の、いわば機体のお尻部分にあり、直接機体の前後方向にスライドさせて積み下ろしを行っていた。

ＩＬ－76は当時の日本へもアエロフロート・ソ連航空の貨物便として乗り入れていて、新潟～ハバロフスク間や、成田～ハバロフスク～ブラツク～モスクワ便などに運航していた時期もあった。成田空港にこの機体がやってくると、民間空港に場違いな軍用機が飛来したかのような雰囲気で、貨物便の駐機場で異彩を放っていた。デザインが民間航空会社と同じというだけで、機体のスタイルそのものは軍用機であった。

この機体は当時のソ連製機材としてはソ連以外でも多く使われたほうで、おもに中東やアフリカの航空会社で導入された。しかし、旅客機と違い、これらの地域の国営航空会社がおもに導入したので、使われ方としては、民間の貨物機という部分もあれば、軍の輸送機といった意味合いも高く、民間でもあり軍の輸送機でもあるような使われかたであった。少なくとも国際宅配便などの輸送に使われる機体ではなかった。

●イリューシンIL－96T

東西冷戦時のソ連製旅客機は西側の機体に比べて見劣りするものだったことは確かで、西側では747ジャンボ機はじめDC－10、A300といった通路がふたつあるワイドボディ機が国際線の主流となっても、旧ソ連にはワイドボディ機が存在しなかった。そこで登場したのがイリューシンIL－86というワイドボディ機で「ソ連製のエアバス機」などとも期待されたが、性能は西側機材に及ぶものではなかった。

当時の747、DC－10、A300などのワイドボディ機は、多くの乗客を乗せられる機体の開発とともに、その大きく重い機体を上昇させるための強力なエンジン開発が伴っていて、推力が大きくバイパス比の高いターボファンエンジンの開発なくしてはこれらワイドボディ機は実現しなかったのである。

ところが、当時のソ連では大きな機体に伴うエンジン開発が行われなかったため、燃料の搭載量が限られ、その結果、多くの乗客を乗せられても、航続距離の短い機体となってしまった。たとえば、モスクワから成田に飛ぶためには途中2カ所の経由地が必要であった。

そこでイリューシンIL－86の機体を短くし、その浮いた分の重量を、搭載する燃料に充てて航続距離を伸ばしたのがイリューシンIL－96である。ずんぐりむっくりの機体となり、機体を短くしたぶん旅客定員が減り、経済性の高い機体ではなかった。

やがて、時代は東西冷戦から緊張緩和の時代へと移り、イリューシンIL－96の機体にアメリカ製の高性能エンジンを搭載し、再び機体を長くしたのが、イリューシンIL－96Mであり、そのイリューシンIL－96Mを貨物専用機としたのがイリューシンIL－96Tである。

旧ソ連製機材としては数少ない旅客型を貨物型

にした機体でもあるが、当然軍用としては使い勝手が悪く、少ない生産機数にとどまり、採用する航空会社もわずかであった。

●ツポレフTu－204－100C／－120C

ツポレフは旧ソ連時代、Tu－154という中距離3発の旅客機を開発していて、この機体は当時のアエロフロート・ソ連航空でも大量に使われ、モスクワからの国内線やヨーロッパ各地への主力機材であった。旧ソ連時代、格安旅行者はアエロフロート・ソ連航空でヨーロッパを目指し、成田からモスクワへは長距離機イリューシンIL－62が飛び、モスクワから先はTu－154が多く使われていたので、日本人でも、ある年代以上の旅行愛好者は多く利用したはずの機体である。直接日本へも乗り入れていて、新潟に発着するソ連からの国際便はこの機体であった。ロシアになってからも、現在はオーロラ航空に統合されたウラジオストク航空の日本便ではこの機体が使われていた。

そのツポレフが、東西冷戦以降に開発したのがTu－204という機体で、欧米でいうと757やA320に似た印象を持っている。この機体が生まれた背景には、ロシアはソ連時代から航空技術が優れているということがある。東西冷戦以降はロシアでもアエロフロート・ロシア航空、トランスアエロ航空（現在は倒産）、S7航空（シベリア航空）など、おもだった航空会社はボーイングやエアバス機を購入するだけの力があったが、国土の広いロシアではまだまだローカルな航空会社があり、潜在需要もある。

すると、航空技術の優れたロシアにしてみると、外貨を使ってボーイングやエアバス機を購入しなくても、国内線で使う程度の機体は自分たちで開発できる、というのがTu－204の生まれた背景にある。このクラスの機体は国土の広いロシアではまとまった数が必要になるという予測もあるからだ。実際にウラジオストク航空の機体が日本へ乗り入れていた運航実績もある。

そして、この機体には貨物専用機バージョンのTu－204－100C、Tu－204－120Cも含まれていて、興味深いのは、機数こそ少ないが中国国際貨運航空や、完全に西側といえる貨物航空会社のDHL航空まで採用していることである。

今後、普及品ともいえる機材では、ロシア製もシェアを伸ばす日がやってくる可能性はある。

●アントノフAn－124ルスラーン

アントノフは旧ソ連でおもに輸送機を開発しており、日本との関わりというと、An－24という旧ソ連で活躍したローカル便用プロペラ機があり、現在オーロラ航空が運航するサハリンのユジノサハリンスクからの便は、はじまった当初はアエロフロート・ロシア航空による函館便で、An－24で運航されていた。その当時は日本発着唯一のプロペラ機による国際線として、航空ファンには知られていた路線である。日本とアントノフ機材による定期便の関わりはこの路線が唯一の存在であった。

しかし、アントノフは別の意味で有名となっていて、それが世界最大級の輸送機を開発したことである。An－124ルスラーンと呼ばれる機体で、150トンもの貨物を運ぶことができる。一般的には747ジャンボ機の貨物専用機で運べるのが120トンほど（運航する距離によるが）なので、ジャンボ機よりも重いものを運ぶことができる。また、重いものを運べるだけではなく、大きいものを運べて、なおかつ出し入れが容易という特徴もある。

747の貨物専用機にはノーズ・カーゴ・ドアといって、機体前部がぱっくり開くドアが付いているので、そこから長いものなどを搭載できるが、An－124では、機体後部にもドアがあり、前

図20-2　ウクライナ製となったアントノフAn-124ルスラーンは、747ジャンボ・フレイターよりも重量物を運べる（ウラジオストク国際空港）

部から入れた車両を後部から出すといったこともできる。つまり、機体を通り抜けられる構造になっている。

７４７の貨物専用機と大きさを比べるだけというのもあまり意味がない。７４７の貨物専用機は、定期貨物便などで運航する前提になっているので、この機体を運用させるためには、空港側にもこの機体に合わせたさまざまな施設が必要である。機体の貨物搭載口にあわせた高さまでコンテナなどを持ち上げるためのコンテナ・ローダーなどがなければ積み込みはできない。

その点、Ａｎ－１２４は軍民両用の輸送機として開発されているので、前部の貨物ドアを開けると、カーフェリーのように走路が装備されていて、トラックなどがそのまま機体に出入りできるし、後部ドアにはクレーンが装備されているので、クレーンで吊り上げての搭載もできる。軍用機でもあることから、地上での支援がなくても大きく重量のあるものを運ぶという機能に優れている。

Ａｎ－１２４は旧ソ連製ではあるものの、ウクライナで開発されたため、ソ連崩壊後はウクライナのメーカーとして現在に至っている。Ａｎ－１２４は定期貨物便として運航するような使われかたはされておらず、特大物を運ぶためのチャーター運航がほとんどである。災害時の救援物資輸送などに威力を発揮しており、意外にも日本への飛来回数は多い。パキスタンでの大雨による洪水時は自衛隊のヘリコプター輸送、東日本大震災のときは、福島の原子力発電所への注水のためのポンプ車を空輸したこともある。変わったところでは、広島電鉄がドイツ製路面電車を購入したときや、マイケル・ジャクソンのコンサートの舞台道具一式、ボジョレヌーボーのワイン輸送などでも飛来している。

この機体が開発された当時は東西冷戦真っ只中で、もとはといえば中距離ミサイルなどを発射台ごと運ぶというような思惑があったようだが、現在はその大きさが平和利用されているのである。

●アントノフＡｎ－２２５ムリーヤ

アントノフＡｎ－１２４ルスラーンを基に、さらに巨大な輸送機としたのがＡｎ－２２５ムリーヤである。最大離陸重量６００トン、機体重量が１７５トンなので、仮に１００トンの燃料を積んだとしても、３００トン以上のものを運べる計算になり、７４７貨物専用機の２倍以上の貨物搭載能力を持つことになる。これだけの重さを離陸させるために、片側３発ずつ６発のエンジンを持っている。

ソ連版のスペースシャトル「ブラン」の輸送用に開発された経緯があり、大きな空間を持つ貨物室は使わず、背中にスペースシャトルをおんぶするように運ぶので、スペースシャトル輸送兼超大型輸送機といった機体である。しかし、この機体の初飛行が１９８８年なのに対し、ソ連崩壊が１

図20-3　世界最大の貨物輸送機はウクライナ製のAn-225ムリーヤ

図20-4　An-225の車輪は600トンの機体を支えるため、ムカデのような配置である

This page contains photographs from Wikimedia Commons.
Landing of the Antonov An-225 cargo aircraft at Farnborough 1990 airshow.
by Mike Freer
Antonov-225 'Mria' heavy lift transport - main landing gear.
by Sergey Khantsis

991年で、ソ連崩壊とともに旧ソ連の宇宙開発計画も白紙に戻り、実際に「ブラン」輸送にあたったのは1回だけであった。

An－225は現在のところ1機しかない。An－124同様に定期貨物便などで運航するのではなく、世界一の輸送機としてチャーターで世界各地に駆り出されている。

日本にも飛来実績があり、中米のハイチで起こった大地震の際に、日本政府のチャーターで支援物資の輸送にあたっている。現在では世界最大の輸送機として、製造国であるウクライナの自慢ともなっている。

この機体も社会主義体制だった旧ソ連ならではといえ、西側に目を移せば、航空機は双発が主役となっており、3発機はほとんどが姿を消し、4発機は限られた大型旅客機のみに残るという時代に、重量物輸送用にエンジンを6発にするという、いわば力でねじ伏せるような機体が開発されたという部分に時代と体制を感じる。社会主義体制のソ連が崩壊した現在でなら、ありえなかった機体ともいえ、そういう意味では「世界最大の輸送機」であり、時代の申し子的な遺産ともいえるであろう。

旧ソ連の航空技術にはさまざまな「世界一」があり、世界最大の輸送機はもとより、世界初の商用飛行をした超音速旅客機、世界最速のプロペラ機など、意外にも旧ソ連製の世界一は多いのである。

いっぽうアメリカにもスペースシャトル輸送機は活躍したが、専用機を開発したのではなく、747を改造してつくられている。しかもその機体は新造機ではなく、旅客機の中古を2機NASAが買い取って改造された。うち1機は、日本航空が国内線用に導入した747SRであった。宇宙開発も採算性が重んじられた西側らしい話である。

謎021 その他の貨物専用機

数こそ少なかったが、個性的な機体があった

ここまでに紹介した貨物用ジェット機のほかにも旅客機を改造した貨物機がある。たとえば、当時のブリティッシュ・エアロスペースが開発したBAe146もそのひとつ。ブリティッシュ・エアロスペースは後にBAEシステムズになり、型式名もBAe146からアブロRJ（Regional Jet）となりRJ85、RJ100などとなった（数字は定員を表す）。しかし、現在は生産終了となり、BAEシステムズも民間機開発は行わなくなった。

この機体は小型にもかかわらず4発、しかも軍用機のような高翼ジェット機という個性的な機体であった。都市部の空港で周辺への騒音を抑えるために、機体の運動性を高くし、高い高度からの急降下で騒音を避けていたのである。運動性に優れ、4発ということから、空気密度の低い高地の空港でも重宝された。

やはり4発機ということから、重量の重い機体となりがちな貨物機としても重宝され、日本での運航はなかったが、ヨーロッパや東南アジアにおいても地域の貨物便として運航された。

時代を遡れば、フランスのシュド・エストが開発したSE210カラベルというナローボディ双発ジェット旅客機にも貨物機バージョンが存在した。この機体は1955年初飛行なのでジェット旅客機としては創世記の機体で、現在は世界中探しても商用飛行している機体は残っていない。晩

図21-1　BAe146の貨物型はアジアでも運航されていた（香港啓徳空港）

図21-2　SE210カラベルの貨物機も世界中探しても見られなくなった（ボゴタ・エルドラド国際空港）

年は南米などで貨物専用機としてローカル貨物輸送に従事していた。

●プロペラ機の貨物機

ジェット機が発達した現在、旅客便も含めてプロペラ機の活躍場所は狭まりつつある。しかし、近距離便の場合、必ずしもジェット便のほうがスピードで勝るということでもなく、騒音が小さい、短い滑走路でも離着陸できる、少ない需要でも運航できるなど、さまざまなメリットがあるため、プロペラ機がなくなるといった状況でもない。とくに離島便などは現在でもプロペラ便が主役として運航しているし、滑走路の長さなどの関係でジェット機が就航できないという空港だってある。

ではなぜプロペラ便の活躍の場が狭まっているかというと、以前はおよそ定員100席を境にそれ以上の路線ならジェット機、それ以下ならプロペラ便といった機材構成であったが、現在はRJ機と呼ばれる小型ジェット機が普及したため、従来ならプロペラ便でしか採算が合わなかった路線にジェット便が進出しているのだ。

現在でもボーイング、エアバスといった機材には100席を下回る機材はないし、ボーイングもエアバスもプロペラ機の開発は行っていない。ところが、カナダのボンバルディア、ブラジルのエンブラエルなどが小型ジェット機を普及させたため、1便あたり50人程度のローカル路線でもジェット便を運航することが可能になったのである。さらに小型ジェット機は中国、ロシア、そして日本でも三菱航空機がMRJ（Mitsubishi Regional Jet）を開発中であるが、この機体も定員100席以下のRJ機である。

それではプロペラ機には貨物機は存在するだろうか。離島にだって生活物資などを運ぶ需要がありプロペラ便による貨物輸送が行われていそうだが、現代においてはプロペラ機による貨物輸送は限られたケースになっているのが現状である。

離島などへの物資輸送は海運が中心で、コストをかけてでも急いで運ぶといった需要が少ない。

しかし、航空機の発達過程を振り返るとプロペラ機は貨物輸送に大きく貢献してきたことも事実である。ジェット機が就航する以前は当然貨物もプロペラ機で運ばれていたし、そもそも航空機が普及した当初のことを考えると、現在は有名な航空会社も最初の事業は航空による郵便輸送だったというケースは少なくない。そしてその当時は旅客機、貨物機といった区別は希薄で、総称して「輸送機」であった。

たとえば、1935年に初飛行を果たしているダグラスのDC－3は1万機以上が製造され、その数は現在の機体とは桁違いに多かった。このベストセラー機も、軍用輸送機であり、旅客機であり、貨物機であり、つまりは何でも運ぶ輸送機であった。現代の旅客機をバスにたとえるなら、現代の貨物機は大型トラック、するとDC－3はライトバン乗用車にたとえることができる。そのため、プロペラ機には、とくに貨物用バージョンといった派生形が明確になっていないことが多い。

国によってはプロペラ機による貨物輸送が盛んな国も多い。日本の場合は国土が狭く、鉄道やトラックによる貨物輸送も盛んだが、国土が広いアメリカやオーストラリアでは、ローカルな部分でも宅配便などは空を飛ぶのが一般的である。

日本でも一時期プロペラ機を使って航空貨物事業に参入しようとした会社があった。オレンジカーゴは、アメリカのビーチクラフト1900という小型プロペラ機を使って、羽田～鹿児島間と羽田～長崎間に深夜・早朝時間帯に就航したが、短期間の運航で撤退したという過去がある。ビーチクラフト1900は、もし旅客型であれば19人乗りという小型機で、貨物搭載能力は2・5トン、軽トラック程度の輸送力で、九州で獲れた水産物などを東京に急送するという需要を狙ったようだ

図21-3　ロッキードC-130の民間機版L-100。アメリカ製貨物機では珍しい軍用機タイプ（北京首都国際空港）

図21-4　ロッキードL-188エレクトラは貨物搭載能力に優れたプロペラ機であった（ニューヨーク・ジョンFケネディ空港）

が、そのような需要は少なかったのである。

異色だったプロペラ貨物便にはロッキードのL-100という機体があった。ロッキードにはC-130ハーキュリーズという高翼4発プロペラ機の軍用輸送機があり、この機体は1954年の初飛行以来、世界で2000機以上が運用される軍用輸送機のベストセラー機であり、日本の航空自衛隊でも使われている。そして、この軍用輸送機を民間型としたのがL-100である。外観上の違いはなく、軍用か民間かの違いである。実際にこの機体を民間貨物便として運航した航空会社は少なかったのだが、一時期、中国の中国国際航空と中国東方航空が、L-100を使った貨物便を日本へも運航していた。外観は軍用機然としているが、機体デザインは旅客機と同じだったので、成田空港や関西空港において異色の存在であった。

また、ロッキードにL-188エレクトラという4発のプロペラ機があった。アメリカ初のターボプロップ機であり、プロペラ機としては4発の大きな機体で、なおかつ直線的な胴体を持っていたため、貨物搭載量も多く、晩年はアメリカなどで貨物機として重宝されていた。

第4章
貨物便を日本へ運航する航空会社

日本へも多くの便を運航する世界最大の貨物航空会社フェデックス・エクスプレス（成田国際空港）

謎022

貨物専用便で日本路線を運航する航空会社①

旅客会社や、その系列会社が貨物専用機も運航するケース

●ANAカーゴ（NH／ANA）　国籍：日本　拠点：成田、那覇

厳密には「ANAカーゴ」というのは航空貨物のブランド名で、767貨物専用機を運航するのはANAやANA便の運航会社であるエアージャパンである。日系航空会社の貨物専用便としては、かつて日本航空は日本航空自らが貨物専用便も運航し、ANAは日本貨物航空に出資していたので、日本貨物航空はANAの貨物部門という顔も持っていた。

しかし、その後は日本貨物航空は日本郵船系列となり、ANAとの関連はなくなったので、ANAは自ら貨物便を運航するようになり、貨物便は767にそろえ、アジア内に特化した運航をすることになった。

成田や羽田を拠点にするものの、深夜の那覇空港をハブ空港と位置付け、日本各地からの貨物を深夜の那覇空港に集め、那覇空港でアジア各地へ仕分けして運ぶという効率的な貨物輸送を行っている。運ばれている貨物は那覇空港が起終点となることはなく、本州から深夜に那覇空港に到着した貨物は、行先別に仕分けして再び未明までにはアジア各国に飛ぶことになる。このため最少公約数的な便で、東京〜那覇〜韓国、中部〜那覇〜中国、関西〜那覇〜タイなどと広範でスムーズな物流事業を行っている。

表22-1　ＡＮＡカーゴ（ＮＨ／ＡＮＡ）　日本発着貨物専用便のルート

便名	ルート	機材	週間便数
NH8411	那覇～シンガポール	767	5便
NH8415	成田～上海	767	1便
NH8421	那覇～バンコク	767	6便
NH8423	那覇～香港	767	6便
NH8424	シンガポール～香港～那覇	767	4便
NH8424	香港～那覇	767	1便
NH8429	那覇～台北	767	6便
NH8430	台北～那覇	767	6便
NH8431	那覇～上海	767	6便
NH8432	上海～那覇	767	6便
NH8433	関西～天津～大連	767	1便
NH8438	ジャカルタ～成田	767	2便
NH8441	成田～台北	767	6便
NH8442	台北～成田	767	6便
NH8458	広州～那覇	767	6便
NH8465	那覇～青島	767	6便
NH8466	青島～那覇	767	3便
NH8468	青島～成田	767	1便
NH8474	仁川～成田	767	1便
NH8475	成田～仁川	767	7便
NH8476	仁川～成田	767	6便
NH8479	那覇～仁川	767	6便
NH8480	仁川～那覇	767	6便
NH8486	香港～関西	767	1便
NH8489	成田～広州	767	7便
NH8490	広州～成田	767	1便
NH8492	大連～関西	767	6便
NH8493	関西～天津	767	5便
NH8494	天津～関西	767	5便
NH8495	関西～青島	767	1便
NH8498	厦門～那覇	767	3便
NH8499	関西～上海	767	6便
NH8501	成田～大連	767	5便
NH8505	成田～青島	767	3便
NH8506	青島～成田	767	6便
NH8507	成田～バンコク～ジャカルタ	767	2便
NH8508	バンコク～成田	767	5便
NH8513	成田～香港	767	2便
NH8514	香港～成田	767	6便
NH8515	成田～厦門	767	4便
NH8516	厦門～成田	767	4便
NH8517	成田～上海	767	6便
NH8518	上海～成田	767	6便
NH8520	シンガポール～香港～那覇	767	1便
NH8522	上海～成田	767	7便
NH8527	成田～厦門	767	3便
NH8528	シンガポール～成田	767	1便
NH8530	バンコク～関西	767	1便
NH8551	羽田～新千歳	777	5便（旅客機での運航）
NH8552	新千歳～羽田	777	5便（旅客機での運航）
NH8553	羽田～佐賀	787	5便（旅客機での運航）
NH8554	佐賀～羽田	787	5便（旅客機での運航）
NH8557	羽田～那覇	767	6便
NH8558	那覇～羽田	767	6便
NH8559	関西～那覇	767	6便
NH8560	那覇～関西	767	6便
NH8561	成田～那覇	767	6便
NH8562	那覇～成田	767	6便
NH8564	那覇～成田	767	1便
NH8567	中部～那覇	767	6便

機体の稼働率も高く、成田とアジアを昼間に直行する便と、深夜に那覇を経由する便をうまく組み合わせることによって、機体が休むことなく日本とアジアを行き来する運用となっている。

それではなぜハブ空港として那覇を選んだのであろうか。まず、深夜に発着便が集中するので24時間空港である必要があったのと、深夜に仕分けする労働力も必要であった。立地も重要で、那覇なら本州主要空港とアジアの中間に位置する。仮に関西を拠点にすると、成田や仁川は近く、バンコクなど東南アジアへは遠くなるので、すべての便を同時刻に発着させることが難しくなる。その点、那覇をハブにするとスケジュールが組みやすかったのである。

近年は本州～那覇～アジアという流れだけでなく、たとえば仁川～那覇～上海といった第3国間同士の貨物輸送も手掛けている。

仁川～上海間にも多くの直行便はあるのだが、

図22-1　ANAカーゴは機材を767-300に統一。機体の「ANA」のロゴは旅客便と異なる（成田国際空港）

図22-2　成田空港から仁川に向けて離陸する大韓航空の747-400F

日系航空会社の品質で運ぶという点も見逃せない。定時制、荷物管理、そして荷物を傷つけずに確実に運ぶなどの、日本ならではの貨物輸送品質があり、第3国間であっても競争力を持っているのである。

国際貨物便とは別に、旅客機を用いた国内貨物便も運航しており、深夜に旅客機の床下だけを使った貨物便を運航している（68ページ参照）。

なお、以前はANAカーゴも旅客便のANAと同じロゴを用いていたが、現在は字体の異なるANAという字を用いており、旅客便は「ANA」単独で使用されるのに対し、貨物便は「ANA CARGO」までが一体となっている。

●大韓航空（KE／KAL）　国籍：韓国　拠点：仁川

大韓航空の貨物便は成田と関西へそれぞれ747ジャンボ・フレイターを使って運航している。以前は仁川から成田を経由してアメリカへ向かう便もあったが、現在の大韓航空のアメリカ行き貨物便は日本を経由しなくなっている。貨物専用便は747に統一されているほか、747の中には最新の－8Fも含まれている。

貨物専用便は中国、アジア、ヨーロッパ、アメリカへ飛んでいて、就航地、便数は多く、韓国経済の発展とともに多くなった感があり、近年は中国との間の貨物の往来が多くなっている。貨物輸送トンキロでは世界第5位（2014年）である。

大韓航空は古くから日本へ貨物専用便を運航していて、かつてはA300、さらに古くは707の貨物便を運航していた時

表22-2　大韓航空（KE／KAL）日本発着貨物専用便のルート

便名	ルート	機材	週間便数
KE551	仁川～成田	747	6便
KE552	成田～仁川	747	6便
KE553	仁川～関西	747	3便
KE554	関西～仁川	747	3便

期もあった。

●アシアナ航空（OZ／AAR）国籍：韓国　拠点：仁川

アシアナ航空の貨物便は仁川と成田、中部、関西を結んでいて、747ジャンボ・フレイターと767の貨物専用機を運航している。また、成田へは747コンビ機も運航しているので、旅客便の一部が貨客便となっているともいえる。

貨物専用便は仁川を中心に日本、中国、東南アジア、ヨーロッパ、アメリカへ運航し、大韓航空同様に近年は経済的な結びつきの深い中国への便が充実している。このほか、モスクワ、ウイーン、ダラス、マイアミなど、同社の旅客便が運航していない都市へも貨物専用便を運航しており、韓国経済と世界との関わりもうかがうことができる。

日本便は747と767の貨物専用機が使われ、成田、中部、関西へ週2～3便ずつ運航されているが、747が運航されるのは関西のみである。

図22-3　仁川から中部国際空港に到着したアシアナ航空の767-300F

表22-3　アシアナ航空（ＯＺ／ＡＡＲ）日本発着貨物専用便のルート

便名	ルート	機材	週間便数
OZ191	関西〜仁川	747	1便
OZ191	関西〜仁川	767	2便
OZ192	仁川〜関西	747	1便
OZ192	仁川〜関西	767	2便
OZ195	中部〜仁川	767	2便
OZ196	仁川〜中部	767	2便
OZ197	成田〜仁川	767	3便
OZ198	仁川〜成田	767	3便

●中国国際貨運航空（CA／CAO）　国籍：中国
拠点：北京

中国国際貨運航空は中国国際航空系列の貨物航空会社で、日本へは成田と関西へ747ジャンボ・フレイターと777の貨物専用機で運航している。機体デザインなどは旅客便を運航する中国国際航空と同じで、2レターも旅客便と同じCAであるが、3レターは旅客便がCCAであるのに対し、中国国際貨運航空はCAOと微妙に異なる。しかし、分社化されたのは最近のことで、従来は旅客便も貨物便も中国国際航空として飛んでおり、かつては日本へプロペラ機ロッキードのL－100で乗り入れていたこともある。近年は機材の近代化が進んでおり、777－200Fも導入されているので、貨物便の双発機化も進むものと思われる。

貨物専用便はヨーロッパやアメリカにも運航し、スペインのサラゴサ、カナダのエドモントン、ア

図22-4　中国国際航空系列の貨物航空会社、中国貨運航空の747-400F（成田国際空港）

表22-4　中国国際貨運航空（CA／CAO）日本発着貨物専用便のルート

便名	ルート	機材	週間便数
CA1061	上海～関西	747	2便
CA1062	関西～上海	747	2便
CA1063	上海～関西	777	2便
CA1064	関西～上海	747	1便
CA1064	関西～上海	777	2便
CA1073	上海～成田	747	1便
CA1073	上海～成田	777	1便
CA1074	成田～上海	747	2便
CA1074	成田～上海	777	2便

メリカのダラスなど、中国国際航空の旅客便が飛ばない都市にも飛んでいる。貨物専用便のルートは大西洋を越えて世界を一周するように伸びていて、上海～シカゴ、またはニューヨーク～フランクフルト・ハーン～上海と運航する便もある。

●キャセイパシフィック航空（CX／CPA）国籍：中国　拠点：香港

キャセイパシフィック航空は古くから日本へ貨物便を運航していて、機材は成田と関西ともに747ジャンボ・フレイターである。成田便は多くが香港から成田に直行し、復路は台北経由、関西便も往路は香港から直行し、復路は台北か仁川経由となっており、多くの便が香港から東アジアの主要2都市を周るような運航になっている。成田便は古くから早朝に到着し、朝8時過ぎには離陸するスケジュールを長く続けており、朝一番に着陸する常連の便となっている。

キャセイパシフィック航空が拠点とする香港国際空港は、貨物取扱量世界第1位（2015年）で、その数字の立役者がキャセイパシフィック航空であることは間違いない。キャセイパシフィック航空の貨物輸送トンキロの数値が世界第4位（2014年）というのも納得であろう。貨物専用

図22-5　キャセイパシフィック航空の747-8Fが台北に離陸（成田国際空港）

表22-5　キャセイパシフィック航空（CX／CPA）日本発着貨物専用便のルート

便名	ルート	機材	週間便数
CX5	成田～台北～香港	747	5便
CX5	成田～香港	747	1便
CX6	香港～成田	747	6便
CX35	関西～仁川～香港	747	3便
CX35	関西～台北～香港	747	1便
CX36	香港～関西	747	4便

便は747に統一されていて、－400F、さらに航続距離を伸ばした－400ERF、旅客型から改造の－400BCF、そして最新の－8Fも運航している。

●香港航空（HX／CRK）　国籍：中国　拠点：香港

香港航空は中国で4番目の勢力となる海南航空系列で、香港を拠点にし、日本へ運航している。日本への旅客便は関西へ新千歳、成田、関西、岡山、米子、宮崎、鹿児島、那覇と地方空港にも多く運航しているものの、貨物専用便が乗り入れるのは関西のみである。

貨物便の機材はエアバスの貨物専用機として最新のA330－200Fで、この機材を使って日本へ運航しているのは香港航空とマレーシア航空の2社のみである。

表22-6　香港航空（HX／CRK）日本発着貨物専用便のルート

便名	ルート	機材	週間便数
HX9624	香港～関西	A330	3便
HX9625	関西～香港	A330	3便

図22-6　世界でも数少ないA330-200Fを運航する香港航空（バンコク国際空港）

●チャイナエアライン（CI／CAL）　国籍：台湾　拠点：台北

チャイナエアラインの日本発着貨物便は大きく分けてふたつのパターンがある。ひとつは日本への便で台北から成田を往復する。もうひとつは台北から北米への便の一部が関西に寄港する。

ロサンゼルス便は関西に寄港するのは復路のみで、偏西風に対して追い風となる台北からロサンゼルスへは直行している。

貨物専用便は全機が747ジャンボ・フレイターで、台北を拠点に日本、アジア、ヨーロッパ、アメリカへ運航するほか、中国本土へも直接運航するようになっている。

チャイナエアラインが拠点とする台北桃園国際空港は、貨物取扱量が世界で11位（2015年）の空港で、チャイナエアラインもその数字の立役者であることは間違いない。チャイナエアライン自体も貨物輸送トンキロで世界10位（2014

図22-7　チャイナエアラインの747-400Fが台北へ離陸（関西国際空港）

表22-7　チャイナエアライン（ＣＩ／ＣＡＬ）日本発着貨物専用便のルート

便名	ルート	機材	週間便数
CI5147	シカゴ～アンカレッジ～関西～台北	747	5便
CI5148	台北～関西～アンカレッジ～シカゴ	747	4便
CI5155	ロサンゼルス～関西～台北	747	3便
CI5238	台北～関西～アンカレッジ～シカゴ	747	1便
CI5705	成田～台北	747	5便
CI5706	台北～成田	747	5便

年）の航空会社である。

チャイナエアラインはかつて「中華航空」と呼ばれ、東京での発着が羽田空港だけだった時代から貨物便で乗り入れており、当時は707の貨物機であった。

●エバー航空（ＢＲ／ＥＶＡ）国籍：台湾　拠点：台北

エバー航空の日本発着貨物便は、台北発のアトランタ便が復路のみ関西に寄港するというルートで運航している。

機材は747ジャンボ・フレイターである。往路は台北～アンカレッジ～アトランタと飛び、関西には寄港しない。

また、以前は成田への便をＭＤ－11の貨物機で運航していた時期もあったが、現在は関西のみの発着となっている。

エバー航空の貨物便は中国を含むアジア、ヨーロッパ、アメリカへ運航していて、世界的に見ると貨物輸送の盛んな航空会社に数えられる。

表22-8　エバー航空（ＢＲ／ＥＶＡ）日本発着貨物専用便のルート

便名	ルート	機材	週間便数
BR667	アトランタ～アンカレッジ～関西～台北	747	3便

図22-8　エバー航空の747-400Fが台北へ間もなく離陸（関西国際空港）

●マレーシア航空（MH／MAS）

　マレーシア航空の日本への貨物便は成田へのみA330の貨物機で運航しているが、季節的に運休になることもあり、2016年でいえば、夏の間は運休している。成田と関西へ747ジャンボ・フレイターで運航した時期もあった。関西へはMD－11の貨物機で運航していたこともあるなど、日本とマレーシアは古くから貨物便で結ばれていた。日本からは工業都市ペナン経由でクアラルンプールへ飛び、クアラルンプールから日本へは直行というルートである。

表22-9　マレーシア航空（MH／MAS）日本発着貨物専用便のルート

便名	ルート	機材	週間便数
MH6190	クアラルンプール～成田	A330	1便
MH6191	成田～ペナン～クアラルンプール	A330	1便
MH6192	クアラルンプール～成田	A330	1便
MH6193	成田～ペナン～クアラルンプール	A330	1便

●ルフトハンザ・カーゴ（LH／GEC）　国籍：ドイツ　拠点：フランクフルト

　ドイツを代表するルフトハンザドイツ航空の貨物部門で、現在はルフトハンザドイツ航空の系列会社でルフトハンザ・カーゴを名乗っている。ルフトハンザドイツ航空が2レターLH、3レターDLHであるのに対し、ルフトハンザ・カーゴは2レターが同じくLHながら、3レターはGECと微妙に異なる。日本便は成田への週6便で、フランクフルトから成田へは直行し、復路は成田から仁川を経由してフランクフルトに戻る。極東の2都市への需要をひとつの便でまかなっている。

　2016年冬スケジュールまでは機材は近年となっては貴重な3発機であるMD－11の貨物機が使われていたが、夏スケジュールから最新の777貨物専用機に置き換えられている。同社の貨物便は古くから乗り入れており、以前は747ジャンボ・フレイターを使って、北回りアラスカのフ

図22-9　マレーシア航空は数少ないA330-200Fで乗り入れている（成田国際空港）

図22-10　フランクフルトから成田に到着の777-200F

表22-10　ルフトハンザ・カーゴ（ＬＨ／ＧＥＣ）日本発着貨物専用便のルート

便名	ルート	機材	週間便数
LH8386	フランクフルト（マイン）～成田	777	6便
LH8387	成田～仁川～フランクフルト（マイン）	777	6便

エアバンクスを経由して成田に乗り入れていた。

現在の貨物専用便路線は世界中を網羅していて、アジア、アメリカに限らず、アフリカや南米もネットしている。２０１４年からはＡＮＡカーゴとのジョイントベンチャーを行っていて、スペースの相互利用などの態勢を整えている。貨物輸送トンキロでは世界第６位（２０１４年）である。

謎023 貨物専用便で日本路線を運航する航空会社②

日本に飛ぶ貨物専門の航空会社

●日本貨物航空（KZ／NCA）　国籍：日本　拠点：成田

１９８５年から成田を拠点に運航している日本最大の貨物航空会社で、運航当初から現在に至るまで７４７ジャンボ・フレイターのみを運航し、世界的にも有数の貨物航空会社となる。当初の機体は７４７‐２００Ｆであった。路線はアジア、ヨーロッパ、アメリカへと飛び、現在は世界を一周するように飛ぶ便もある。

設立時は日本郵船とＡＮＡなどが出資して運営され、ＡＮＡ系列の航空会社に数えられていたが、２００５年からはＡＮＡが撤退し、ＡＮＡは自らＡＮＡカーゴを運航するようになり、日本貨物航空は日本郵船の子会社となる。日本郵船は日本有数の海運会社であり、傘下にはさまざまな船会社があるほか、日本最大のクルーズ船「飛鳥Ⅱ」を保有する郵船クルーズも、日本郵船の子会社である。

ＡＮＡが撤退した２００５年には７４７‐８Ｆを、ルクセンブルクのカーゴルックス航空とともに、世界に先駆けて発注した。

２００８年には成田空港に専用ターミナルが完成し、自社の貨物便はすべて自前のターミナルを発着するようになり、この時点で７４７‐２００Ｆは退役している。

２０１２年には、世界に先駆けて発注していた

表23-1　日本貨物航空（ＫＺ／ＮＣＡ）日本発着貨物専用便のルート

便名	ルート	機材	週間便数
KZ8	成田～アムステルダム	747	4便
KZ49	アムステルダム～ミラノ～成田	747	4便
KZ85	フランクフルト（ハーン）～アムステルダム～成田	747	1便
KZ89	フランクフルト（ハーン）～ミラノ～成田	747	3便
KZ101	ロサンゼルス～成田	747	2便
KZ103	ロサンゼルス～成田	747	1便
KZ105	ロサンゼルス～成田	747	1便
KZ106	成田～ロサンゼルス	747	1便
KZ108	成田～ロサンゼルス	747	2便
KZ109	ロサンゼルス～サンフランシスコ～成田	747	6便
KZ110	成田～ロサンゼルス	747	6便
KZ129	シカゴ～アンカレッジ～成田	747	1便
KZ131	シカゴ～アンカレッジ～成田	747	1便
KZ132	成田～アンカレッジ～シカゴ	747	1便
KZ133	シカゴ～アンカレッジ～成田	747	3便
KZ134	成田～アンカレッジ～シカゴ	747	5便
KZ159	シカゴ～ニューヨーク～アンカレッジ～成田	747	3便
KZ160	成田～アンカレッジ～シカゴ	747	3便
KZ167	ダラス～シカゴ～アンカレッジ～成田	747	1便
KZ168	成田～アンカレッジ～ダラス	747	1便
KZ182	成田～アンカレッジ～シカゴ	747	1便
KZ187	シカゴ～ダラス～アンカレッジ～成田	747	2便
KZ188	成田～アンカレッジ～シカゴ	747	4便
KZ192	成田～アンカレッジ～シカゴ	747	1便
KZ192	成田～アンカレッジ～シカゴ～フランクフルト（ハーン）	747	1便
KZ202	香港～成田	747	7便
KZ203	成田～香港	747	7便
KZ208	香港～成田	747	3便
KZ225	成田～上海	747	6便
KZ226	上海～成田	747	6便
KZ227	成田～上海	747	5便
KZ228	上海～成田	747	4便
KZ241	成田～台北	747	2便
KZ242	台北～成田	747	1便
KZ254	シンガポール～バンコク～成田	747	5便
KZ262	バンコク～成田	747	1便
KZ263	成田～シンガポール～バンコク	747	1便
KZ283	成田～関西～シンガポール	747	5便
KZ842	台北～北九州～成田	747	1便

図23-1　成田国際空港を離陸する日本貨物航空の747-400F

７４７－８Fが就航し、現在は７４７－４００Fと－８Fを使って運航、－８Fからは新しいデザインとなった。

日本航空が貨物専用便の運航から撤退した現在、日本で唯一、特大物を輸送できる貨物航空会社として、多くの貨物専用便を運航しているのである。

いっぽう、アジアの多くの大手航空会社が、貨物輸送ランキングでベスト10入りしているなか、日本貨物航空はベスト10圏外になってしまうのは、日本貨物航空が貨物便専門の会社であるということが影響している。アジアの航空会社は旅客便を運航している航空会社の貨物部門なので、貨物取扱量の中には、旅客便の床下で運ばれる量も含まれているということが大きいのである。

図23-2　海南航空系列の揚子江快運航空の737-300F（大連周水子国際空港）

●揚子江快運航空（Y8／YZR）

国籍：中国　拠点：上海

揚子江快運航空は上海を拠点にする中国の貨物航空会社で、上海から関西へ乗り入れているものの、関西からの便は上海にほど近い浙江省の寧波に向かう。中国では4番目となる海南航空系列に属し、台湾の資本も入っていて、チャイナエアラインも出資している。

海南航空系列なので、香港からやはり関西へ貨物便で乗り入れている香港航空とは兄弟会社ということになる。

日本便は737と小型機での運航だが、747ジャンボ・フレイターも運航しており、おもにヨーロッパへ飛んでいる。また、以前の日本便

表23-2　揚子江快運航空（Y８／ＹＺＲ）日本発着貨物専用便のルート

便名	ルート	機材	週間便数
Y87429便	上海～関西	737	5便
Y87430便	関西～寧波	737	5便

は上海からではなく、青島から運航していた。

●中国郵政航空（ＣＦ／ＣＹＺ）　国籍：中国　拠点：南京

中国郵政航空は、その名の通り郵便や郵便小包を輸送するための貨物航空会社で、メインの拠点は南京、このほかにも武漢と上海も拠点にしている。

国際線に進出したのは２００６年からで、仁川便が最初だったが、同じ年に上海から関西への乗り入れもはじめている。

日本への貨物便は７３７での運航で、会社全体でみても大型機は運航していない。

表23-3　中国郵政航空（ＣＦ／ＣＹＺ）日本発着貨物専用便のルート

便名	ルート	機材	週間便数
CF205	上海～関西	737	5便
CF206	関西～上海	737	5便

図23-3　中国郵政航空の737-400SFが上海から関西国際空港に到着

●ユニ・トップエアラインズ（UW／UTP）国籍：中国　拠点：深圳

2016年から関西への乗り入れを開始した中国の貨物航空会社で、A300を運航している。

●エア・ホンコン（LD／AHK）国籍：中国　拠点：香港

エア・ホンコンは、その名の通り香港を拠点にする貨物航空会社で、日本乗り入れ開始は古く、最初の乗り入れ空港は名古屋空港（小牧）で、機材は707の貨物機だった。その後、関西に乗り入れ地点を変え、機材も747ジャンボ・フレイターとなった。

香港が中国に返還された1997年には同じ香港拠点のキャセイパシフィック航空系列となる。

キャセイパシフィック航空も747ジャンボ・フレイターを運航していたので、重複する路線は整理されたが、エア・ホンコンはドイツの大手物流会社DHLと提携していたので、DHL便とし

表23-4　ユニ・トップエアラインズ（UW／UTP）日本発着貨物専用便のルート

便名	ルート	機材	週間便数
UW9979	深圳～関西	A300	7便
UW9980	関西～深圳	A300	7便

表23-5　エア・ホンコン（LD／AHK）日本発着貨物専用便のルート

便名	ルート	機材	週間便数
LD204	香港～関西	A300	5便
LD205	関西～香港	A300	5便
LD208	香港～成田	747	6便
LD209	成田～香港	747	6便
LD216	香港～中部	A300	5便
LD217	中部～香港	A300	5便
LD224	香港～関西	A300	1便
LD225	関西～香港	A300	1便

図23-4　香港から成田に到着のエア・ホンコン747-400BCFはDHLと提携するフライト

ての貨物便はキャセイパシフィック航空運航路線とは関連なく続けられている。

日本へはすべてＤＨＬと提携した便での運航で、成田、中部、関西へ乗り入れている。そのため、機体には「エア・ホンコン」と記されているものの、機体後部には「ＤＨＬ」の表記がある。

成田へは７４７、中部、関西へはＡ３００が使われている。

●シルク・ウェイ・ウエスト・エアラインズ（7L／AZG）国籍：アゼルバイジャン　拠点：バクー

２０１６年から当初はチャーターという形で、旧ソ連からの独立国であるアゼルバイジャンから貨物航空会社が小松に乗り入れるようになった。日本とアゼルバイジャンの間には旅客便はなく、相互を行き来する観光需要も希薄に思えるが、貨物専用便が最新の７４７－８Ｆも使って、しかも小松空港に乗り入れている。

社名からも分かるようにシルクロードの西に位

図23-5　小松空港に到着したシルク・ウェイ・ウエスト・エアラインズの747-8F

表23-6　シルク・ウェイ・ウエスト・エアラインズ（7L／AZG）日本発着貨物専用便のルート

便名	ルート	機材	週間便数
7L221	小松〜仁川	747	1便
7L601	バクー〜小松	747	1便
7L603	バクー〜小松	747	1便
7L661	小松〜仁川	747	1便

置するという立地を活かして、アジアとヨーロッパの物流に一役買っていて、アジアでは日本の小松だけでなく香港や上海にも乗り入れており、小松便も機体はバクー〜小松〜仁川〜バクーと運航する。小松空港に乗り入れている理由はルクセンブルクのカーゴルックス航空同様である。機材は747−8F以外に747−400Fも運航している。

図23-6　エアブリッジ・カーゴの747-400Fがモスクワ・シェレメチェボ国際空港を離陸

●エアブリッジ・カーゴ（RU／ABW）国籍：ロシア　拠点：モスクワ

　現在となってはロシアを代表する貨物航空会社で、モスクワを拠点におもにヨーロッパとアジアを結んでいるが、定期貨物便の運航をはじめたのは2004年だったので比較的新しい航空会社である。エアブリッジ・カーゴは、世界最大級のアントノフAn－124ルスラーンなどをチャーター運航するヴォルガ・ドニエプル航空傘下で、同社がチャーター専門であるのに対し、エアブリッジ・カーゴは定期貨物部門として設立された。機材の使い分けもはっきりしていて、親会社が旧ソ連時代からの特大物を運べる輸送機を使ってチャーター運航しているのに対し、定期貨物便運航のエアブリッジ・カーゴは747ジャンボ・フレイターに機材を統一して運航している。

　日本便は韓国便を兼ねていて、モスクワから成田に飛び、復路は仁川経由でモスクワに戻るルートになっている。以前は中部にも乗り入れていたが、現在は日本での乗り入れ地点は成田だけとなった。日本を出発した便は、モスクワで便名を変えてドイツのフランクフルトへ直通している。また、成田空港では日本貨物航空と同じターミナルを発着している。機材は747－400Fほか、最新の747－8Fも運航している。

表23-7　エアブリッジ・カーゴ（RU／ABW）日本発着貨物専用便のルート

便名	ルート	機材	週間便数
RU391	モスクワ～成田	747	1便
RU392	成田～仁川～モスクワ	747	1便
RU491	モスクワ～成田	747	1便
RU492	成田～仁川～モスクワ	747	1便
RU691	モスクワ～成田	747	1便
RU692	成田～仁川～モスクワ	747	1便
RU791	モスクワ～成田	747	1便
RU792	成田～仁川～モスクワ	747	1便

●カーゴルックス航空（CV／CLX）　国籍：ルクセンブルク　拠点：ルクセンブルク・フィンデル空港

ルクセンブルクはオランダ、ベルギーとともにベネルクス3国を構成するが、3国の中でもっとも地味な存在の内陸国である。そのルクセンブルクを代表する旅客航空会社はルクスエアで、さらにルクスエアの貨物部門となる子会社がカーゴルックス航空である。ルクスエアの保有する機材が最大でも737で、そのネットワークはヨーロッパ内にとどまっているのに、子会社のはずのカーゴルックス航空は機材を747ジャンボ・フレイターにそろえて世界各国へ運航している。

カーゴルックス航空はルクセンブルクをヨーロッパの貨物拠点と位置付け、貨物需要の多いドイツ、フランス、オランダ、ベルギーの中間に位置しているという地の利を活用して貨物輸送を行っている。新型機材導入にも積極的で、747－8

図23-7　カーゴルックス航空の747-8F（バンコク・スワンナプーム国際空港）

の貨物専用機版である-8Fのキックオフカスタマーである。ヨーロッパを代表する貨物航空会社であるとともに、世界的にも有数の存在である。

日本便も東京、名古屋、大阪に比較的近い小松空港へだけ週4便で乗り入れ、うち2便はルクセンブルクと小松を往復する運航だが、ルクセンブルクからやってくるうちの週2便は小松からアメリカへ運航し、世界を一周するようなルートでルク

表23-8　カーゴルックス航空（CV／CLX）日本発着貨物専用便のルート

便名	ルート	機材	週間便数
CV6353	小松～仁川～ルクセンブルク	747	1便
CV6356	小松～仁川～ルクセンブルク	747	1便
CV6586	小松～アンカレッジ～シカゴ	747	1便
CV7526	ルクセンブルク～小松	747	1便
CV9422	ルクセンブルク～小松	747	1便
CV9425	ルクセンブルク～小松	747	1便
CV9764	ルクセンブルク～小松～アンカレッジ～シカゴ	747	1便

センブルクに戻る。小松に乗り入れる以前は福岡を日本の乗り入れ地点にしていた。

貨物輸送トンキロでは世界第9位（2014年）であるが、アメリカの大手インテグレーター2社系列の航空会社を除くと、貨物便のみを運航している航空会社だけで考えると輸送トンキロは世界でもっとも多く、いかに多くの貨物便が飛んでいるかが理解できる。たとえば、エミレーツ・スカイカーゴは輸送トンキロで世界2位（2014年）であるが、その数字にはエミレーツ航空の豊富な旅客便の床下で運んでいる貨物も含まれている。その点、貨物専門航空会社は、純粋に貨物便だけで運んだ数字となるのである。

系列にはイタリアを拠点にするカーゴルックスイタリアもあり、そちらも日本乗り入れを果たしている。

●カーゴルックスイタリア（C8／ICV）国籍：イタリア
拠点：ミラノ

ルクセンブルクを拠点にするヨーロッパを代表する貨物航空会社カーゴルックス航空がイタリアに設立した航空会社で、ミラノを拠点にしている。日本便は成田と関西に乗り入れていて、全便が親会社同様に747ジャンボ・フレイターである。日本便のルートはミラノ～関西（または成田）～香港～ミラノと機体は周回していて、便名の上では香港が最終目的地、そして日本は往路の寄港地となっている。

表23-9　カーゴルックスイタリア（C8／ICV）日本発着貨物専用便のルート

便名	ルート	機材	週間便数
C85733	ミラノ～関西～香港	747	1便
C85735	ミラノ～成田～香港	747	1便
C89737	ミラノ～関西～香港	747	1便

図23-8　カーゴルックスイタリアの747-400Fがミラノから成田に到着

●フェデックス・エクスプレス（FX／FDX）
国籍：アメリカ　拠点：メンフィス

アメリカのメンフィスを拠点にし、はじまりはアメリカ国内の宅配輸送であったが、後に羽田空港時代から日本へも乗り入れていたロサンゼルス拠点のフライング・タイガー・ラインを買収、世界最大の宅配便貨物航空会社であるとともに、世界最大の貨物航空会社となったのである。そのため、日本はじめアジアへ乗り入れている路線は元はといえばフライング・タイガー・ラインだった路線となる。

貨物輸送量で常に世界一を誇る貨物航空会社である。会社の形態としては、フェデックスという物流会社の傘下にフェデックス・エクスプレスという航空会社があることになり、グループ全体で物流すべてを扱う「インテグレーター」となっている。

定期貨物便の輸送トンキロでも断トツの世界一

表23-10　フェデックス・エクスプレス（ＦＸ／ＦＤＸ）日本発着貨物専用便のルート

便名	ルート	機材	週間便数
FX15	メンフィス～成田	777	5便
FX15	アンカレッジ～成田	777	2便
FX19	メンフィス～アンカレッジ～関西	777	4便
FX19	アンカレッジ～関西	MD-11	2便
FX19	インディアナポリス～アンカレッジ～関西	MD-11	1便
FX24	関西～インディアナポリス	777	4便
FX24	香港～関西～インディアナポリス	777	1便
FX28	上海～関西～メンフィス	777	1便
FX28	上海～関西～オークランド	777	1便
FX28	関西～アンカレッジ～メンフィス	MD-11	1便
FX28	関西～オークランド	777	2便
FX28	関西～オークランド	MD-11	1便
FX28	成田～関西	777	1便
FX31	オークランド～成田	777	5便
FX60	上海～成田～関西～メンフィス	777	2便
FX60	成田～関西～メンフィス	777	2便
FX60	関西～メンフィス	777	2便
FX60	関西～アンカレッジ～メンフィス	777	1便
FX60	上海～成田	777	1便
FX85	メンフィス～アンカレッジ～成田	MD-11	1便
FX87	メンフィス～成田～北京～上海	777	1便
FX157	メンフィス～アンカレッジ～成田～上海～広州	777	1便
FX160	関西～メンフィス	777	1便
FX169	メンフィス～アンカレッジ～成田～香港	777	2便
FX169	メンフィス～アンカレッジ～成田	777	1便
FX169	オークランド～アンカレッジ～成田	777	1便
FX5060	上海～関西～成田～アンカレッジ	777	1便

を誇り（２０１４年）、保有機材も桁違いに多くジェット機だけで３００機以上を運航している。新機材導入にも積極的で、最新機材７７７－２００Ｆ貨物専用機の最大のカスタマーであるほか、エアバス機、そしてマクドネル・ダグラス機も豊富に運航している。

新機材導入とともに古くなった旅客機を貨物専用機に改造して運航している数もかなりの数に上り、現在でもＭＤ－11などの３発機をまとまった数で運航している。しかし、フライング・タイガー・ラインが多用していた７４７ジャンボ・フレイターは運航していない。

また、一時はＵＰＳエアラインズとともに、エアバス最大の機材

図23-9　フェデックス・エクスプレスは貨物便の多くを777-200F貨物専用機で運航する（成田国際空港）

A380の貨物専用機を発注していたものの、開発の遅れからキャンセルしたという経緯もある。

日本へは成田と関西に乗り入れていて、かつてのフライング・タイガー・ラインの路線を継承して北米〜日本〜アジアと運航し、日本をアジアの拠点と位置付けていたが、近年はアジアの拠点を中国に移しつつある。

なお、日本への便はオークランドからの便が多いが、オークランドはカリフォルニア州サンフランシスコの近くにある空港で、ニュージーランドのオークランドとは無関係である。

●UPS航空（5X／UPS）　国籍：アメリカ　拠点：ルイビル

UPS航空はアメリカの大手貨物航空会社で、定期貨物便トンキロはフェデックス・エクスプレスに次いで世界第2位である（2014年）。フェデックス・エクスプレス同様に大手物流会社ユナイテッド・パーセル・サービス傘下にUPS航空があることになる。拠点はルイビルである。日本ではヤマト運輸や物流企業である鈴与と提携した。

貨物専用機を300機近く保有し、日本には成田と関西に運航、多くの便はルイビル～アンカレッジ～日本～アジアというルートになっている。しかし、かといって日本がアジアの拠点になっているとはいえず、台湾、中国、香港などがアジアの要となる空港と位置付けた運航を行っている。

貨物専用機は新品もあれば、フェデックス・エクスプレスほどではないものの、元旅客機からの改造貨物機もあり、日本航空が運航していたMD－11の多くはUPS航空で貨物機として運航されている。また、フェデックス・エクスプレス同様にA380の貨物専用機を発注していたが、開発の遅れからキャンセルしている。日本便は747ジャンボ・フレイターと767の貨物専用機で運航しているが、かつては757、MD－11、古くはDC－8の貨物専用便も乗り入れていた。

表23-11　UPS航空（5X／UPS）日本発着貨物専用便のルート

便名	ルート	機材	週間便数
5X76	アンカレッジ～成田	767	1便
5X80	ルイビル～アンカレッジ～関西	747	1便
5X104	ロックフォード～アンカレッジ～関西～上海	767	5便
5X105	上海～関西～アンカレッジ～ルイビル	767	5便
5X108	ニューアーク～アンカレッジ～成田～上海	767	5便
5X109	上海～成田～アンカレッジ～ルイビル	767	5便
5X109	上海～成田～アンカレッジ～ルイビル～シカゴ	767	1便
5X110	ルイビル～アンカレッジ～成田	767	1便
5X117	関西～成田	767	6便
5X118	成田～深圳	767	6便
5X119	深圳～成田	767	6便
5X127	深圳～関西	767	5便
5X128	成田～上海	767	1便

図23-10　アメリカ貨物航空会社大手のUPS航空の747-400Ｆ（仁川国際空港）

●ポーラーエアカーゴ（ＰＯ／ＰＡＣ）　国籍：アメリカ　拠点：シンシナチ

ポーラーエアカーゴはアメリカのシンシナチを拠点とする貨物航空会社である。業界大手２社であるフェデックス・エクスプレス、ＵＰＳ航空が、ともに宅配貨物航空会社という意味合いが強いのに対し、ポーラーエアカーゴは宅配のための航空会社ではない。もともとは大口の貨物航空会社で、やはりアメリカの貨物輸送中心の航空会社であるアトラス航空系列の航空会社だったが、現在はドイツの物流大手ＤＨＬの資本も入っており、近年のポーラーエアカーゴは小口輸送にも重点を置くようになっている。日本へは成田と中部に運航し、メインはアメリカ〜日本〜アジアというルートであるが、成田とシドニーを結ぶ便や、世界を一周するように周回する便の寄港地のひとつが成田になっていたりもする。日本便の半数ほどはＤＨＬのための運航となっているので、アメリカの航空

図23-11　ポーラーエアカーゴの747-8FはDHLとの提携便で、機体後方にはDHLのロゴ
（成田国際空港）

表23-12　ポーラーエアカーゴ（PO／PAC）日本発着貨物専用便のルート

便名	ルート	機材	週間便数
PO211	成田～中部～上海	747	5便
PO212	上海～成田	747	5便
PO213	シンシナチ～成田～仁川	747	3便
PO213	シンシナチ～アンカレッジ～成田～仁川	747	1便
PO213	シンシナチ～成田～上海	747	1便
PO214	仁川～中部～シンシナチ	747	5便
PO215	成田～台北	747	1便
PO224	台北～中部～仁川	767	4便
PO224	台北～中部	767	1便
PO231	仁川～成田	767	1便
PO232	上海～成田～仁川	767	1便
PO240	シドニー～成田	767	1便
PO241	成田～シドニー	767	3便
PO749	シンシナチ～成田	747	1便
PO752	深圳～成田～アンカレッジ～シンシナチ	747	4便
PO775	ライプチヒ～成田	747	1便
PO935	深圳～成田	747	1便
PO958	シンシナチ～アンカレッジ～成田～上海	747	1便
PO962	成田～アンカレッジ～シンシナチ	747	1便

図23-12　こちらはポーラーエアカーゴのオリジナルデザインの747-400F（成田国際空港）

会社ながら、ドイツのライプチヒから日本へ飛ぶ便もあるなど（日本からヨーロッパはない）、日本を軸にしたネットワークはアジア、アメリカ、オセアニア、ヨーロッパと多彩な展開である。

機体はポーラーエアカーゴのオリジナルデザインの機体がやってくる反面、ＤＨＬデザインを施した機体も日本へ運航している。また、しばしば親会社であるアトラス航空の機体が、ポーラーエアカーゴの便として運航することもある。

日本便に使われている機材は７４７と７６７で、最新の７４７－８Ｆも含まれている。

謎024

かつて日本発着の貨物便を運航した航空会社

地味な存在が多かったものの数は多い

●日本航空

日本航空はかつて747や767の、古くはDC－8の貨物専用機をアジア、ヨーロッパ、アメリカに運航し、その規模は大きく、世界でも有数の貨物ネットワークを持っていた。とくに747の貨物機は747初期タイプの旅客用－100の改造機にはじまり、－200F、－400F、そして自社の旅客型747－400を改造した－400BCFなどを多数保有していた。貨物専用便という性格から、機体に塗装を施さず、金属の色そのままとした機体も運航するなど、多彩な機体があった。

ところが、2010年、日本航空は会社更生法の適用を受け事実上破綻、その後は就航地の大幅削減や機材縮小などで再建に向かうが、その過程で同じ2010年に貨物専用便の運航を終了している。

この貨物専用便の運航終了というのは、急遽決定したものだったといえ、なかには2010年に増便した路線や、2010年に導入された機体もあり、それらは運航をはじめたばかりだったにもかかわらず短期間で運航を終えたのである。

しかし、日本航空が貨物専用便運航はやめたものの「JALCARGO」という事業は継続していて、現在でも取扱量は多い。日本航空の国際線では777や787を多く運航するので、床下だ

図24-1　日本航空の747-200F。経営破綻によって貨物専用便の運航をやめてしまった（成田国際空港）

けでも貨物を多く積むことができるため、貨物輸送そのものは多く取り扱っているのである。

最盛期はアジア便はソウル、香港、上海、大連、クアラルンプール、シンガポールへ、ヨーロッパ便はフランクフルト、パリ、アムステルダム、ロンドンへ、北米便はサンフランシスコ、ロサンゼルス、シカゴ、ニューヨーク、アトランタへ運航していた。機材は747であったが、767が就航した際は上海便に使われていた。

●日本アジア航空

時代を遡ると、日本航空は台湾便を運航していたが、1972年に当時の内閣総理大臣だった田中角栄氏が中国を訪問、日中国交回復となり、1974年からは日本航空が中国に乗り入れるようになった。しかし、その陰で日本航空の台湾便はなくなり、1975年からは台湾へは日本航空の子会社である日本アジア航空の運航とし、便宜上会社を分けることにしたのである。これが日本ア

図24-2　日本アジア航空の747-200F。貨物機は親会社の日本航空と共用でロゴマークなどは入っていなかった（成田国際空港）

ジア航空生い立ちの背景である。

当時は日本の航空会社だけでなく、ヨーロッパの航空会社も中国と台湾双方に乗り入れる場合は、微妙に社名やロゴマークを変更して運航していた。中国は台湾を含めて一国を主張しており、台湾を独立国であるかのように、ナショナルフラッグの航空会社が別途乗り入れることが、微妙に問題があったのである。そして1978年からは台湾への貨物便も運航するが、専用機を用意するほどの需要はなかったので、日本航空と共有の機材となった。

日本アジア航空保有の貨物専用機はあったものの、完全に日本アジア航空のデザインを施した貨物専用機はなかった（詳しくは244ページ参照）。機材は古くはDC－8、その後は747であった。貨物便の運航は成田～台北間で、一部の便は関西を経由していた。

後に中国と台湾の直接交流が盛んになってから

図24-3　日本ユニバーサル航空の747-200Fは日本航空の機体をリースしての運航だった（成田国際空港）

は、日本アジア航空の存在意義が薄れたため、２００８年で日本アジア航空としての運航は終了し、再び日本航空本体が台湾便も運航するようになった。

●日本ユニバーサル航空

　日本国内のみを運航する貨物航空会社で、日本航空系列とし、ヤマト運輸や日本通運も参加して設立され、羽田～新千歳、名古屋～新千歳間を運航したが、１９９１年の運航開始からわずか１年ほどで事業を終了している。機材は日本航空の７４７－２００Ｆをリースしての運航であった。短期間の運航に終わってしまった原因としては、運航をはじめたのが日本のバブル期終焉時といえ、高額な輸送費を使ってでも急送したいという需要が急減していたという時代背景がある。機体デザインは日本航空に似たものであったが、尾翼には鶴ではなく鯨が描かれ「クジラのゆうちゃん」として人気であった。

図24-4　ギャラクシーエアラインズのA300F。空飛ぶ佐川急便となるはずだったが、短期間で運航を終了してしまった（北九州空港）

●ギャラクシーエアラインズ

日本国内のみを運航する貨物航空会社で、佐川急便系列として設立、２００６年から羽田～北九州、羽田～那覇、２００７年には羽田～新千歳、関西～新千歳、関西～北九州の運航をはじめる。北九州空港に運航したのは、福岡空港が市街地にあるため運用時間に制限があるのに対し、北九州空港は新空港になり、深夜でも離発着が可能であったためである。

機材はＡ３００の貨物専用機２機で、１機は元チャイナエアラインの旅客機からの改造であったが、１機は貨物機としての新造機で、ともに佐川急便の宅配トラックと同じデザインが施され、空飛ぶ宅配便が日本でも本格化するかに思われた。事実これらの便の就航で宅配の翌日配達エリアが拡大された。しかし、この時期は原油高騰からジェット燃料も値が上がった時期であったため、２００８年には運航を終了してしまうのである。

●オレンジカーゴ

日本国内のみを運航する貨物航空会社で、2003年に羽田〜鹿児島間と羽田〜長崎間を小型プロペラ機で運航し、おもに九州で獲れた海産物などを東京に急送する計画であったが、航空便を運航するに見合った需要はなく、半年ほどで運航を終了している。機材はビーチクラフト1900を貨物用として運航していた。

ビーチクラフト1900は、アメリカのビーチクラフト製双発ターボプロップ機で、19席の小型機である。19席というと、東京の調布飛行場から伊豆七島に向かうドルニエ機と同じ大きさとなるが、ドルニエ機が非与圧であるのに対し、ビーチクラフト1900は与圧装置を持ち、高空を高速で巡航できるので、東京から九州までを定期運航することができた。

●エア・インチョン

エア・インチョンは、2013年から運航をはじめた新しい貨物航空会社であるが、意外にも韓国にとっては初の貨物専門の航空会社である。韓国では大韓航空、アシアナ航空といった大手航空会社が貨物専用機も積極的に運航していたので、それまで新たな貨物航空会社が参入する隙がなかったともいえる。

エア・インチョンは、737の貨物機を使って近隣国に運航するのみで、欧米便などは運航していない。2013年にはじめて運航した便はユジノサハリンスクと羽田便で、ともにチャーター扱いであったが、2014年からは日本便の就航地を羽田から成田に変更し、チャーターではなく定期便となり、成田便が定期便第1号となった。日本、極東ロシア、そして中国への貨物便を運航していたが、2016年5月から日本便は運休している。

機材の737は-400の旅客型を貨物機に改造したものであった。

図24-5　中国東方航空系列の中国貨運航空A300F。デザイン自体は中国東方航空同様（成田国際空港）

●中国貨運航空

中国東方航空系列の貨物航空会社で、以前は中国東方航空自らが貨物専用便も運航していたが、1998年から分社化されて貨物専門会社が別組織とされた。機体デザインなどは従来と変わっておらず、中国東方航空と同じである。社名部分が「東方」か「貨運」かの違いともいえる。しかし、中国東方航空の2レターがMU、3レターがCESなのに対し、中国貨運航空は2レターがCK、3レターがCKKと、2レター、3レターともに異なっている。

以前は日本へも成田、中部、関西へMD－11、A300などの貨物専用便で上海から乗り入れていた。日本への便は運休となっているが、現在は747や777の貨物専用便をアジアやヨーロッパに運航している。

●中国南方航空

中国でもっとも多くの旅客輸送人員を誇る中国

図24-6　中国南方航空の777-200F（アムステルダム・スキポール国際空港）

最大の航空会社で、日本へも成田、羽田、中部、関西をはじめ地方空港にも多く運航する航空会社であり、一時期、関西空港に737や747の貨物専用便が乗り入れていた。

ルートは中国南方航空が拠点とする広州ではなく、上海からの乗り入れであった。

747ジャンボ・フレイターを運航していた時期もあり、大型機ゆえに目立つ存在であったはずだが、深夜の乗り入れだったので、おそらく関西空港での撮影などのチャンスはほとんどなかったものと思われる。機材の近代化も進んでおり、777の貨物専用便がヨーロッパなどへ運航している。

●上海航空

その名の通り上海を拠点にする航空会社である。中国の航空大手は元中国民航から分割された航空会社であるが、上海航空はその流れを汲んでいない存在である。中国ではもっとも古くからある民

図24-7　関西空港に乗り入れていた上海航空の757-200SF

間の航空会社であり、２００７年には「スターアライアンス」にも参加、その頃から関西へ７５７を使って貨物便も運航するようになったほか、ＭＤ－11の貨物専用機も運航していた。

しかし、２０１０年に、同じ上海を拠点にし、中国民航の流れを汲む大手航空会社である中国東方航空と統合されることになった。中国東方航空が「スカイチーム」に参加していたので、上海航空も「スターアライアンス」を脱退して「スカイチーム」に合流することになった。当時は中国東方航空系であった中国貨運航空が日本へ乗り入れていたので、上海航空の貨物便はそれと重複することになるので運航を終了してしまった。現在も上海航空は中国東方航空とは別ブランドで羽田、関西、富山へ乗り入れているが、いずれは旅客便も統一される可能性がある。

●翡翠国際貨運航空

中国の香港に接する部分にある深圳を拠点にす

図24-8　一時期マカオと関西を結んでいたマカオ航空のA300F（マカオ国際空港）

る貨物専門の航空会社で、深圳航空とルフトハンザ・カーゴが主体となって設立されており、中国の航空会社では、初めて海外資本の入った航空会社となった。

機材は747ジャンボ・フレイターで、全機が新造の747-400ERFと、長距離用でそろえられ、おもにヨーロッパへ飛んでいた。一時期深圳から関西へも乗り入れていたが、その後日本乗り入れを停止、他の路線も運航を停止してしまう。

●マカオ航空

マカオ航空は比較的新しい航空会社で、マカオに空港が完成した1995年に空港の開港と同時に運航をはじめている。

旅客便は全便がA320ファミリーの機体で、日本へは成田、関西、福岡に乗り入れ、一時期A300の貨物専用便も関西に乗り入れていた時期があった。

マカオ航空は、最盛期はA300の旅客型からの改造貨物機を6機も運航していたが、現在は貨物専用便の運航を行わなくなってしまった。

●香港ドラゴン航空

香港ドラゴン航空は、香港を拠点にする航空会社だ。以前は独立系で、日本へは旅客便を運航するいっぽうで、747ジャンボ・フレイターを関西に運航し、この便は関西から香港へ、さらに便名を変えて上海へと飛んでいた。機体はおもに元シンガポール航空の旅客型747-300を貨物機に改造した機体であった。

しかし、2007年に同じ香港を拠点にするキャセイパシフィック航空系列となり、貨物便は親会社のキャセイパシフィック航空と重複することから運航しなくなった。

現在はキャセイパシフィック航空との関係を深めていて、社名もキャセイドラゴン航空とすることになった。

図24-9　747-300改造の貨物機で関西へ乗り入れていた香港ドラゴン航空の貨物専用機

図24-10　バンコクから成田に到着したタイ国際航空の747-400BCF。旅客型からの改造機

●タイ国際航空

以前、タイ国際航空の747ジャンボ・フレイターが成田に週1便だけ乗り入れていた時期がある。ルートはバンコクから成田へ飛び、復路は台北経由であった。

現在、タイ国際航空の貨物専用便はインド、オーストラリア、ヨーロッパなどへ運航している。機体は同じタイ国際航空の旅客型747-400を貨物機に改造したものである。

●トランスマイル航空

一時期、中部へ乗り入れていたマレーシアの貨物航空会社で、機材はMD-11の貨物専用機を使っていた。日本への乗り入れ期間はわずかで、想定していたほどの貨物需要がなかったものと思われる。

ルートは、クアラルンプール～中部間であったが、クアラルンプールは現在のセパン国際空港ではなく、旧国際空港のスバン空港（スルタン・アブドゥラ・アジズ・ジャー空港）からであった。機体は、元フェデックス・エクスプレスのものであった。

●シンガポール航空カーゴ

シンガポール航空の貨物部門であるが、シンガポール航空カーゴという別会社になっている。

シンガポール航空の2レターがSQ、3レターがSIAであるのに対し、シンガポール航空カーゴは、2レターは同じSQであるが、3レターはSQCと異なるものになっている。

輸送トンキロで世界7位（2014年）の規模を誇り、そのネットワークは世界を一周するように張り巡らされているほか、貨物需要の高まっている中国やインドへの便が多い。

そして、以前は成田、中部、関西へ乗り入れていたが、現在は日本へは運航されなくなっている。

機材は747ジャンボ・フレイターにそろえられている。

図24-11　シンガポール航空カーゴの747-400Fがまもなくシンガポールへ離陸（成田国際空港）

図24-12　DC-8の貨物専用便で成田に乗り入れていたエア・インディア

●エア・インディア

何十年も以前の話になるが、成田空港にDC－8の貨物専用便を運航していた時期がある。それではなぜその後貨物専用便の運航をやめてしまったかというと、貨物需要がなくなったわけではなかった。

旅客便を747－200の全旅客型から747－300のコンビ機にすることで、旅客便でも多くの貨物が運べるようになったからという理由がひとつ。もうひとつは当時の成田空港の事情がある。

成田空港の滑走路が2本になったのは2002年に韓国との共催だったサッカーワールドカップ大会がきっかけであった。それまでは滑走路が1本しかなく、発着枠がごく限られていたため、各航空会社は1回の発着で多くの乗客や貨物を運ぶ必要があり、DC－8の貨物便は不経済であったのだ。

図24-13　エミレーツ・スカイカーゴの747-400F。貨物便ではジャンボ機も運航する（アムステルダム・スキポール国際空港）

●エミレーツ・スカイカーゴ

エミレーツ航空の貨物部門で、正確にはエミレーツ航空系列の別組織となっているが、別組織にしている他の航空会社同様に、旅客便の床下に載せる貨物も「エミレーツ・スカイカーゴ」なので、系列会社というよりは貨物部門のブランド名と考えたほうがよさそうである。

輸送トンキロでは、アメリカのフェデックス・エクスプレスに次いで世界2位（2014年）の規模を誇る。しかし、フェデックス・エクスプレスの貨物機の数に比べると、エミレーツ・スカイカーゴが運航している貨物専用便の数はずっと少なくなる。にもかかわらず数字で世界2位となるのには理由がある。この数字は運んだ重さと運んだ距離を乗じており、エミレーツ・スカイカーゴとエミレーツ航空の路線には長距離便が多いこと、そして、旅客便の数が多いため、旅客便の床下で運んでいる貨物の量が多いことが数字に表れているのである。エミレーツ航空の旅客便は全便がワイドボディ機での運航なので、床下で運んでいる貨物もかなりの量に達する。

エミレーツ航空は国際線旅客輸送実績が世界有数の航空会社で、その多くがドバイを経由する第3国間輸送である。そして、旅客便がドバイ国際空港を拠点にし、2014年までは貨物専用便も同じドバイ国際空港を発着していたが、2014年から、2010年開港のアール・マクトゥーム国際空港に拠点を移していて、ここが貨物の一大拠点となった。旅客便は従来の空港を発着し、貨物便は新空港を発着している。

貨物専用便の機材は747と777の貨物専用機である。

そんなエミレーツ・スカイカーゴは777の貨物専用便で関西へ乗り入れていた時期があり、ドバイ〜関西〜仁川〜ドバイ（後に仁川に先に寄港）というルートで運航していたが、現在は貨物専用便は日本へ運航しなくなった。貨物輸送で世界第2位を誇る会社の貨物専用便が、日本へ乗り入れていないというのは、寂しい事実のような気もする。

●サウディア

サウディアは中東サウジアラビアを代表する航空会社である。サウジアラビアはイスラム教徒にとっては巡礼の地であるが、基本的に観光などでの入国ができないため、中東の大国であるにもかかわらず日本への旅客便は、関西へごく短期間乗り入れたのみである。しかし、貨物専用便は比較的長く成田に乗り入れていた。ペルシャ湾側のダーランを起点に当初は747ジャンボ・フレイターで、後に機材をMD－11に変更した。経由地はバンコク、台北などであった。

●トランス・メディテラネアン航空

トランス・メディテラネアン航空は中東レバノンの貨物専門の航空会社で、意外にも歴史は古く、

図24-14　かつて成田まで乗り入れていたサウディアのMD-11F。現在もバンコクまでは乗り入れている

日本へは東京の玄関口が羽田空港だった時代から707の貨物専用機で乗り入れていた。日本とレバノンの首都ベイルートの間には旅客便が飛んだことはないが、この時代は貨物便では結ばれていたことになる。

もちろんベイルートから日本へ直行で飛んでくるのではなく、バンコクなどアジアを経由してのルートだった。

日本とレバノンの間の貨物需要が高かったのではなく、ベイルートから先ヨーロッパにも貨物便を多く飛ばしていたので、ヨーロッパへの貨物を運んでいた。貨物便とはいえ、この時代にレバノンの航空会社が日本へ飛んでいたことから、日本とレバノンの間には二国間航空協定も結ばれていた。

トランス・メディテラネアン航空は日本の玄関口が成田になってからも日本便を運航し続けたが、707の老朽化などから日本便の運航をやめ、そ

図24-15　トランス・メディテラネアン航空の707-320C。機体にはTMAオブレバノンとある（シンガポール・チャンギ国際空港）

の後はA300を使ってヨーロッパなどへの貨物便を運航していたが、現在は運航をやめてしまっているようである。

こんなエピソードもある。社名の「トランス・メディテラネアン」は英語としても聞き取りにくいと判断していたのか、パイロットと管制官などのやり取りに使うコールサインは、社名や愛称ではなく、2レターのTLという意味で「Tango Lima」が使われていた。TangoはTを表すいい回し、LimaはLを表すいい回しであった。一般でもTを説明するときにTokyoのTなどというのと同じで、AからZまで、たとえが世界共通で決まっているのだ。そのため、日本に乗り入れていた当時は、航空ファンの間で同社のことを「タンゴリマ」という人が多かった。

●アエロフロート・ロシア航空

東西冷戦時代、ロシアがまだソ連だった時代、アエロフロート・ソ連航空だった頃から日本へ貨

図24-16　モスクワから成田に到着したアエロフロート・ロシア航空のMD-11F貨物機

物専用便を運航していた。東西冷戦時代の社会主義体制の国には基本的に航空機は旧ソ連製のものしかなかったので、貨物便として運航する機材も旧ソ連製の軍民両用輸送機で、日本へも成田と新潟、そして一時期は名古屋にもイリューシンIL－76キャンデッドで乗り入れていた。高翼の軍用機スタイルであった機体は民間機しかやって来ない成田空港などではひときわ異彩を放つ存在であった。

ソ連が崩壊し、ロシアになり、アエロフロート・ロシア航空になってからは、おもに西側機材を運航するようになり、貨物専用便もDC－10に、さらにMD－11が運航されるようになる。

しかし、その後はロシアのエアブリッジ・カーゴが成田に乗り入れたことなどから、アエロフロート・ロシア航空の貨物便は日本へ乗り入れなくなった。

日本へ運航していたときのルートはモスクワと

図24-17　かつてはアリタリア-イタリア航空も747-200Fで貨物便を成田に運航していた

成田を行き来する便に加えて、モスクワ〜成田〜仁川〜モスクワとたどる便があったほか、ＤＣ－10で運航していた時期はノボシビルスクを拠点としていたこともあった。

●アリタリア-イタリア航空

アリタリア－イタリア航空は以前、貨物専用便を７４７ジャンボ・フレイターで運航しており、日本へも運航していた時期があった。ミラノから成田に乗り入れていたほか、７４７コンビ機を使って、旅客便でも多くの貨物を合わせて輸送していた。

貨物専用便のルートは、ミラノからデリーを経由し、成田、上海を回って、再びデリー経由でミラノに戻るものであったが、後に経由地をデリーからカザフスタンのアルマトイに変更している。このほか関西へＭＤ－11Ｆで乗り入れていた期間もあった。

しかし、その後は成田空港の発着枠がタイトだ

図24-18　かつてスカンジナビア航空の747貨物機も関西へ乗り入れていた

ったこと、旅客便に使われる機材でも多くの貨物を載せることができるようになったことなどから、貨物専用便の運航は行わなくなった。

●カーゴイタリア

ミラノを拠点にしていた貨物専門航空会社で、一時期ＤＣ－10を使って関西へ乗り入れ、復路はバングラデシュのダッカ経由という異色のルートであった。ＭＤ－11も運航していたが、その後会社自体が倒産している。

なお、カーゴルックスイタリアとは別会社である。

●スカンジナビア航空

一時期スカンジナビア航空の貨物専用便が関西へ乗り入れていた。機材は旅客型改造の７４７ジャンボ・フレイターであった。日本へ乗り入れるスカンジナビア航空便のようにデンマークからではなく、スウェーデンからの乗り入れており、貨物便らしく、スウェーデンの首都ストックホルム

図24-19　かつて成田に乗り入れていたエールフランスの777-200F

ではなく、工業都市ヨーテボリからの運航であった。

スカンジナビア航空は以前747を保有し、ニューヨークや東南アジアへ運航していたものの、日本へは747を運航していなかったので、同社の747が日本へ運航したのは貨物便のみであった。

機体は元アリタリア-イタリア航空の旅客型で、貨物機に改造されてアメリカのアトラス航空へ、そのアトラス航空がスカンジナビア航空のために機体をスカンジナビア航空デザインにして運航していた。

●エールフランス

747ジャンボ・フレイターが、古くは羽田空港が日本の国際線の玄関だった頃から乗り入れていた。その後、成田空港に乗り入れ空港を変え、さらに777の貨物専用機へと機材が刷新され、パリから成田に直行し、復路は仁川経由というル

図24-20　かつて関西空港にはKLMオランダ航空の747-400Fも乗り入れていた

ートだったが、その後日本への乗り入れをやめている。旅客便の機材がすべて777になり、旅客便の床下だけでも多くの貨物を収納できるようになったことも影響している。

●KLMオランダ航空

747ジャンボ・フレイターを使って、アムステルダムから関西へ乗り入れていた時期があったが、現在は日本への乗り入れは行わなくなっている。

KLMといえば、青い機体が印象的であるが、その青い部分に大きくKLM CARGOと記された目立つ存在であった。

●ノースウエスト航空

アメリカのノースウエスト航空は、戦後いち早く日本乗り入れを果たした航空会社で、日本航空立ち上げにも協力し、戦後日本国内をはじめて飛んだ日本航空の国内線もノースウエスト航空からのリース機であった。そのため、日本からアメリ

図24-21　ノースウエスト航空の747-200F。同社は日本への貨物便を多く運航したが、デルタ航空と統合時、デルタ航空は貨物専用便事業を引き継がなかった（成田国際空港）

カへ、アジアへと日本人にはもっともなじみ深い海外の航空会社であったが、現在はデルタ航空と統合されている。

ノースウエスト航空時代は、７４７ジャンボ・フレイターを使って貨物専用便もアメリカ～日本～アジア間に多く運航し、成田と関西へ乗り入れていた。しかし、デルタ航空と統合後、デルタ航空は貨物専用便路線を引き継がなかったため、デルタ航空統合と同時期に貨物専用便の運航は行わなくなってしまった。

日本へ貨物便を運航していた頃は、サンフランシスコ、ロサンゼルス、シカゴ、ニューヨーク、シンシナチから成田へ向かい、多くの便はアンカレッジを経由、成田からはソウル、上海、台北、マニラ、シンガポール、グアムに向かっていた。

●パンアメリカン航空

パンアメリカン航空はかつて世界を代表する国際線航空会社で、ボーイングの７０７や７４７ジ

図24-22　パンアメリカン航空も747-200Fを使って一時期貨物便が成田に乗り入れていた

ャンボ機を世界で初めて就航させた航空会社であった。

日本へもノースウエスト航空と並んで、戦後いち早く乗り入れ、日本からアメリカやアジアに多くの便を運航し、その中には世界一周便も含まれていた。そして、一時期成田に747ジャンボ・フレイターで乗り入れていた時期もあった。

●ユナイテッド航空

日本路線を多く運航するユナイテッド航空は、一時期DC－10の貨物専用機を使って成田と関西へ運航していた時期がある。しかし、貨物便は日本路線から撤退、さらに貨物専用機そのものの運航も行わなくなっている。DC－10は窓のない機体に大きく「WORLDWIDE CARGO」と記されたもので、旅客便の機体より目立つ存在であった。

●フライング・タイガー・ライン

日本の空の玄関が羽田空港だった頃から乗り入れていたアメリカの貨物航空会社で、747ジャ

図24-23　ユナイテッド航空のDC-10-30F。貨物専用機は旅客便よりも目立つ機体ロゴであった（関西国際空港）

図24-24　747-100を貨物機に改造したフライング・タイガー・ライン機（ロサンゼルス国際空港）

図24-25　かつて中部国際空港に乗り入れていたアメリカのエバーグリーン航空は会社自体が倒産してしまう。機体は747-200SF。ルフトハンザドイツ航空の旅客型を貨物機に改造したもの

ンボ・フレイターやDC－8の貨物機で運航していた。その後フェデラル・エクスプレス（現在のフェデックス・エクスプレス）と統合し、フェデックス・エクスプレスは世界最大の貨物航空会社に成長する。当時フェデラル・エクスプレスはアメリカ国内の宅配航空会社であり、国際線はほとんど運航しておらず、フライング・タイガー・ラインと統合したことで国際線を手中に収めたのである。逆にフライング・タイガー・ラインは国内宅配といった小口輸送を行っておらず、統合することで総合的な貨物航空になったのである。

成田に乗り入れていた当時は、747の大きな機体にレッドとブルーの腹巻のようなラインはあったものの、基本的に塗装を施していない金属の地肌であったので、旅客便とは一味違った雰囲気を放っていた。

●エバーグリーン航空

アメリカの貨物航空会社で、中部国際空港開港

図24-26　ABXエアの767-200SF。ANA便としての運航で、機体にはANAのロゴも（関西国際空港）

後に定期乗り入れを果たし、中部とオハイオ州コロンバスの間を747ジャンボ・フレイターで結んでいたが、後に倒産してしまう。

●ABXエア

アメリカの貨物航空会社でシンシナチやマイアミを拠点に運航する。同社の主力機は767の貨物機で、その多くは元ANAの国内線やアメリカのトランス・ワールド航空で運航した767－200を貨物機に改造した機体であった。

日本へはこの航空会社そのものが乗り入れていたのではなく、日本航空やANAの日本～北米間の貨物便として運航が委託されていた時期があった。

長期間でのリースだったため、機体には同社のABXエアという大きなロゴマークと合わせて、日本航空やANAのロゴも小さく入れてシカゴからアンカレッジ経由で成田や関西に乗り入れていた。

図24-27　遠く南米から707-320C貨物専用機で成田に乗り入れていたヴァリグ・ブラジル航空

●ヴァリグ・ブラジル航空

かつてブラジルを代表する航空会社で、日本へも、日系人の多く住む南米最大の都市サンパウロからロサンゼルス経由で成田と名古屋に乗り入れていた。そして、旅客便がＤＣ－10だった時代に７０７による貨物専用便も成田に運航していた。

その後は旅客便が７４７のコンビ機となり、旅客便でも多くの貨物を積めるようになったことから、貨物専用便の運航はなくなった。以降は経営が悪化、日本路線を休止する。

さらにブラジル最大のＬＣＣに買収され、それでもヴァリグブランドで運航をしばらく続けるものの、その後に消滅してしまった。

謎025

航空会社の貨物輸送ランキング

ベスト10に貨物専門会社3社がランクイン、日系は圏外

旅客航空会社のランキングでは人キロという単位が使われる。乗客何人を何キロ運んだかという単位である。人数だけで集計すると、東京〜大阪間など短距離でも1人、東京〜ニューヨーク間など長距離でも1人と同じになってしまい合理的ではない。そこで人キロという、乗客数と運んだ距離を乗じた数字が使われる。短距離ばかりを運航している航空会社・路線なら数で稼がねばならず、長距離路線を中心に運航していれば、少ない人数でも大きな数字が稼げるというものである。

同様に貨物輸送ランキングは旅客便でいうところの人が貨物に変わるが、ある意味旅客便より正確な数値となるのは、人間の場合は体重の多い少ないにかかわらず1人と数えるのに対し、貨物の場合は重さと距離を乗じたものになるので、より正確な数値となる。

1位は2位以下の航空会社とかなりの差でアメリカの大手貨物航空会社フェデックス・エクスプレスである。3位も同じくアメリカの大手貨物航空会社UPS航空がランクされている。この2社は旅客便を運航していないので、貨物専用便で運んだ貨物量だけでこの数字を稼いでいて、いかに多くの貨物便を運航しているかが分かる。同時に、国際線よりも国内線の便数が多く、国内線の貨物は多くが小口の宅配便となるので、小さな貨物を多く運んでいる実態も見えてくる。アメリカは国

表25-1　定期輸送トンキロ順位（単位：百万トンキロ）

IATA=International Air Transport Association調べ

順位	航空会社	2014年の輸送量
1	フェデックス・エクスプレス	16,020
2	エミレーツ・スカイカーゴ	11,240
3	ＵＰＳエアラインズ	10,936
4	キャセイパシフィック航空	9,464
5	大韓航空	8,079
6	ルフトハンザ・カーゴ	7,054
7	シンガポール航空ガーゴ	6,019
8	カタール航空カーゴ	5,997
9	カーゴルックス航空	5,773
10	チャイナエアライン	5,266

土が広く、国内線でも距離が長いということも数字を大きくしている要因であろう。

2位のエミレーツ・スカイカーゴは同社の貨物便の輸送力もさることながら、旅客便の長距離国際線が多く、保有機すべてがＡ３８０を大量に含むワイドボディ機であることから、旅客便の床下で運ぶ貨物が多いために堂々2位になっていると理解したい。エミレーツ・スカイカーゴの貨物専用機は、世界にそれほど多く飛んでいるわけではなく、日本へも乗り入れていないくらいである。

この傾向は7位のシンガポール航空カーゴ、8位のカタール航空も同様である。ともに長距離旅客便が多く、シンガポール航空も全便がワイドボディ機、カタール航空もワイドボディ機中心の機材構成である。いっぽうでシンガポール航空カーゴ、カタール航空ともに貨物専用便は日本にも乗り入れていない程度である。

4位のキャセイパシフィック航空は70ページで

紹介した空港別の貨物取扱ランキング1位の香港を拠点にする航空会社である。キャセイパシフィック航空の順位が4位になるのは、香港国際空港は香港航空の貨物専用便も拠点にしているほか、さまざまな航空会社の貨物専用便が乗り入れているので、空港が1位という数字はさまざまな航空会社の合計で成し得ているからだ。大韓航空、チャイナエアラインもベスト10にランクされており、アジア地区での貨物が活発に動いていることが数字からも読み取れる。

しかし、残念ながら、最新の747－8F貨物専用機を多く運航するものの、日本貨物航空はランクされていない。その要因としては、アジアの航空会社が4社ランキングされているものの、4社ともが旅客便の航空会社であり、この数字には旅客便の床下で運ばれる貨物も含まれているのに対し、日本貨物航空には旅客便がないというのが大きな違いである。アジアの航空会社は貨物便と旅客便の床下の合計であるが、日本貨物航空は貨物便だけの数字であり、10位圏外となっている。

それならANAカーゴは上位にあってもよさそうだが、アジアの航空会社は国際線を年々増やしているのに対し、日系航空会社のネットワーク拡大は鈍く、それが数字に表れているのであろう。

ヨーロッパの航空会社では6位にルフトハンザ・カーゴ、9位にカーゴルックス航空がランクされている。ルフトハンザ・カーゴは貨物専用便と旅客便の床下を合わせた数字、カーゴルックス航空は貨物専門の航空会社なので、貨物便だけで運んだ数字となる。

全体的に眺めると、ベスト10のうち、1位のフェデックス・エクスプレス、3位のUPSエアラインズ、9位のカーゴルックス航空、この3社は貨物専門航空会社なので、貨物専用便だけで運んだ貨物量の多いベスト3ということになり、これら3社がいかに多くの貨物を運んでいるかがうかがえる。いっぽう、旅客便・貨物便双方を運航する航空会社の場合、旅客の長距離国際線が豊富にあれば、たとえ貨物専用便が少ない便数であっても、貨物輸送量として大きな数字を稼ぐことができる。このことからも、旅客機床下に搭載できる貨物量が増えていることが数字にも表れてきているのである。

第5章
貨物便ならではの航空事情

重い貨物機は4発機などの力強い離陸シーンが魅力（関西国際空港）

謎026

小口（宅配便など）と大口の貨物がある

アメリカでは貨物専用機は宅配トラック同様

貨物航空会社は国によってそのポジションに違いを感じる。日本で貨物航空会社というと、ジャンボ機こと747を多く運航する日本貨物航空がある。海運会社である日本郵船の系列会社であり、いわば物流総合企業系の航空貨物部門となる。しかし、一般の人になじみのある企業かというとそうではない。日本貨物航空の営業所が日本各地にあり、そこに一般の人が小包などを持って受け付けてもらうわけではない。航空貨物を頻繁に行き来させている大口向けというか、おもに個人ではなく企業向けの物流会社となるだろう。

しかし、アメリカでは状況が異なる。アメリカの貨物航空会社として有名なのはフェデックス・エクスプレスやUPS航空になるが、これらはアメリカでは誰もが知る宅配業者であり、日本でいえばヤマト運輸や佐川急便に相当する。日本では街中でヤマト運輸や佐川急便のトラックを頻繁に見ることができ、我々も日常これらを利用している。アメリカでは航空貨物はそういった日常的な企業で、一般向けに「何時までに集荷すれば、アメリカ大陸内どこへでも翌日お届け」などという宣伝をよく見る。日本では日本貨物航空の一般向けの宣伝などないであろう。

広大な国土となるアメリカでは、日本でいう宅配業者のトラックや、JR貨物の貨物列車に積んである宅配業者のコンテナが、貨物航空会社の貨

図26-1　アメリカでは古くから貨物航空会社と同じデザインの宅配の車が街中に定着していた

物専用機になるのである。

日本貨物航空や、大手航空会社の貨物専用機、たとえばＡＮＡカーゴやキャセイパシフィック航空の貨物専用便を「貨物航空会社」、あるいは「大口航空貨物」などと呼ぶとすれば、フェデックス・エクスプレスやＵＰＳ航空は、少なくともアメリカ国内では「宅配貨物航空会社」と呼ぶことができる。ただし、これら宅配貨物航空会社の貨物便も、日本に飛んでくる国際線となると、やはり、日本では一般人にとって航空貨物はあまり日常的な存在ではない。

いっぽう、アメリカでは宅配便貨物航空会社は日常的な存在であり、一般向けのＴＶコマーシャルもあるほか、街中には貨物航空機と同じデザインのトラックが宅配のために行き来している。アメリカでは、古くからこのようなシステムが定着していたのである。

謎027 日本の国内のみ運航する貨物専用機はない

過去にはあったがすべて撤退した

アメリカでは国内に多くの貨物専用便が飛んでいるが、日本では飛んでいないのだろうか？　68ページで紹介したように、旅客機を使い、深夜に羽田から北海道や九州へ飛ぶ便はあるが、貨物専用機を使い、国内貨物輸送に専念しようという会社は残念ながらない。というか、正確に記すならば現在はなく、過去には一時期は存在したことがある。

ひとつは日本航空系列で、ヤマト運輸や日本通運が共同出資して設立された日本ユニバーサル航空で、１９９１年から日本航空の７４７‐２００F貨物専用機をリースして羽田～新千歳間や名古屋（中部国際空港は未開港）～新千歳間を運航した。

本州～北海道間の貨物輸送は日本国内の主要都市間では、唯一道路でつながっていない区間であり、しかも双方向に大きな需要がある。そのため、JR貨物や太平洋や日本海を行くフェリーが重要な貨物輸送手段となっているが、そこに航空貨物が参入したのである。

しかし、日本ユニバーサル航空は約1年で運航を終えてしまう。就航した時期が悪かったといえるだろう。１９９１年というと、日本のバブル経済が破綻した時期と重なり、高額な輸送費を費やしてまで航空便で急送するという需要が減ってしまったのである。

図27-1　日本ユニバーサル航空は日本航空系列の国内貨物航空会社だった（成田国際空港）

もうひとつは２００８年に就航したギャラクシーエアラインズで、こちらは佐川急便系列の貨物航空会社だった。機体は佐川急便の宅配トラックと同じデザインが施され、まさに空飛ぶ宅配便貨物会社が誕生した。

機体はＡ３００の貨物専用機で、１機は台湾のチャイナエアラインの旅客機からの改造ながら、もう１機は新造機が充てられ、羽田～新千歳、関西～新千歳、関西～北九州間を運航した。北九州空港は２００６年に海上空港として再出発したばかりで、福岡空港の発着枠がタイトなうえ、夜間の離着陸制限があるので、福岡県の需要を北九州空港でカバーしようとしたのである。

しかし、このように満を持しての国内宅配貨物航空会社の就航であったが、こちらも就航時期が悪かったといえ、燃料高騰で採算性が低下し、わずか２年の運航で姿を消してしまった。その後、燃料高騰は落ち着くので、ひょっとしたら、就航

図27-2　ギャラクシーエアラインズはデザインからも分かるように佐川急便系列の貨物航空会社だった（新千歳空港）

時に航空燃料価格が落ち着いていれば、国内航空貨物も順調に推移したのかもしれない。いま思うと、2社とも国内経済の背景が異なる時期や燃料価格が落ち着いた時期に運航をはじめていれば、あるいは日本国内でも航空貨物が発達していたのかもしれない。

この国内貨物航空会社2社が消えてしまった原因として、バブル経済の崩壊や燃料高騰ということが大きな理由であるが、そのほかに羽田空港の発着枠が足りなかったことも挙げられる。

近年でいえばＬＣＣ（Low Cost Carrier ＝格安航空会社）に対して、空港のボーディングブリッジを使わずタラップでの乗降にして、空港使用料の割引などが実施されているが、貨物航空会社に対してはそういった割引はなく、また、航空会社が空港側に支払う空港使用料は、機体の重さによって変わるので、一般的に貨物機の重量は重く、運航経費が高くつくという問題もあったといえる

図27-3　日本国内は鉄道貨物が発達しており、運賃で割高となる航空貨物が育たない（東海道本線）

だろう。

日本とアメリカでは国土の広さが違うので、アメリカでは貨物輸送にも航空機が多く活躍し、日本では国内航空貨物が発展しないという要因がある。しかし、日本は国土が狭くても、大きな経済圏を形成していて、国内を運航する貨物航空会社が１社くらいあっても不思議はない国である。日本国内の航空貨物輸送が定着しない理由に、そもそも日本では運航コストが高くつき、輸送費用が高くなってしまうので、需要も増えないという悪循環がありそうである。

もうひとつは、鉄道としてＪＲ貨物のコンテナ輸送が発達していること、国内の高速道も整備されたこと、さらに太平洋側、日本海側ともにフェリーも運航していることで、限りのある需要をさまざまな交通機関が奪い合っていて、輸送費用が割高となる航空貨物がなかなか参入できない状態にあることだ。

謎028

ハブ&スポークの運航をする貨物便

国際貨物を第3国経由で輸送する

貨物便運航は、旅客便同様に行われている部分もあれば、貨物便独特の飛び方をすることもある。

近年多くなったのが旅客便同様「ハブ&スポーク」の運航を行う貨物航空会社である。「ハブ&スポーク」とは自転車の車輪の軸（ハブ）とスポークが語源で、1980年代のアメリカ航空戦国時代に確立された。ハブとなる拠点空港に路線を集め、効率よく旅客を運ぼうとしたのである。

ハブ空港は、単に路線が集まっているのではなく、乗り継ぎを優先した巨大ターミナルを持ち、全米からの便を同じ時間帯に到着させ、集まった旅客は目的地への便に乗り換え、到着便が集中した1~2時間後くらいに全米へ飛び立つのである。

こうすることで、全米のどこからどこへ行く場合も1回の乗り継ぎで効率よく移動できる。ハブは必ずしも大都市である必要はなく、むしろ大きなターミナルや多くの滑走路が施設できる広大な土地が確保できる地が選ばれたほか、地理的に全米の中央か、やや東寄りのロケーションが有利であった。東寄りである理由は、アメリカの主要都市が西部より東部に多いからである。

こうした「ハブ&スポーク」の運航を貨物便で確立したのがフェデックス・エクスプレスであった。テネシー州メンフィスは、現在のデルタ航空の前身の一部であるノースウエスト航空（正確に記すとノースウエスト航空のそのまた前身の一部のリパブリック航空）のハブのひとつであった。デルタ航空の便が朝、昼、夕方に全米から到着しては全米に出発し、1日に航空便のラッシュが3回あったが、もうひとつ、深夜にも航空便が多く離発着した。それがフェデックス・エクスプレスの貨物便であった。

フェデックス・エクスプレスは宅配航空会社であったため、全米どこからでも昼までに集荷すれば翌日配達するというのが、うたい文句であった。貨物機が夕方から夜に全米を出発、深夜にメンフィスに到着、深夜のメンフィスで貨物を行先別に仕分けし、深夜のうちにメンフィスを出発、全米に朝到着するスケジュールとした。このため全米の各空港では、どこへ行っても昼間、貨物エリアの端にフェデックス・エクスプレスの機体が駐機していた。荷物の翌日到着はこうして達成された。

貨物便は、旅客便同様にはいかない部分がある。荷物は人間が運ばないと移動できない。仕分けラインはオートメーション化が図られたのは当然でも、相応の人間も必要である。メンフィスは大学の多い都市で、深夜アルバイトの労働力が豊富にあったということもハブに選んだ理由であった。

この「ハブ&スポーク」の運航を世界規模で行っているのが、世界最大の旅客機エアバスA380を140機以上も発注しているエミレーツ航空である。A380が受けている発注は全機で317機なので、エミレーツ航空1社で全体の44％にもなり、いかに多くの大型機を運航しているかが分かる。航空会社の規模を表す定期便旅客キロ（有償搭乗者の人数と搭乗した距離を乗じた数字の合計）は1位デルタ航空、2位ユナイテッド航空、3位エミレーツ航空となるが、国際線だけの数にすると、断トツで1位はエミレーツ航空となる。また、貨物のトンキロ（運んだ貨物の重さと運んだ距離を乗じた数字の合計）でも、エミレーツ航空はフェデックス・エクスプレスに次いで世界2位である（ともに2014年）。これらの数字から分かるようにエミレーツ航空は、旅客・貨物双方を運航する航空会社の国際線では旅客・貨物、どちらで見ても世界一の航空会社である。ドバイを拠点に世界中にネットワークを広げており、日本からも中東、アフリカ、ヨーロッパへとスムーズな接続である。南米ブラジルなどにも接続がよく、日本とブラジルの間を行き来する日系ブラジル人なども、現在はドバイを経由する人が多い。

そんなエミレーツ航空、貨物便もドバイを拠点に、世界的な「ハブ&スポーク」の運航を行う。多くの貨物はドバイを起終点にしているのではなく、第三国間を、ドバイを中継地にして運ばれる。ただし、エミレーツ航空の貨物便はアジアの多くの都市に運航しているものの、日本への乗り入れはない。一時期、関西空港に乗り入れていたが現在はない。世界最大の国際線貨物輸送量を誇る航空会社が、日本への貨物便を運航していないというのも妙な話かもしれないが、日本でもっとも需要のありそうな成田空港に、深夜発着できないというのが、ドバイを拠点に「ハブ&スポーク」の運航をするうえでネックになっていると推測できる。

世界で1位の貨物輸送量を誇るだけあってスケールも違い、旅客はドバイ国際空港を拠点にしているが、貨物便は同じドバイでもアール・マクトゥーム国際空港を拠点にしている。ドバイ国際空港が市内中心地から4キロほどと、ほぼ市街地にあり、地下鉄でアクセスできるのに対し、アール・マクトゥーム国際空港は市内中心から40キロほど離れた場所にある。この空港は2014年に開港した新しい空港で、最終計画は滑走路6本という巨大な空港であり、エミレーツ航空の貨物便はすべてこの新空港発着となった。

貨物便でハブ&スポークを行うのは、その航空会社がもっとも拠点とする空港だけとは限らない。

図28-1　エミレーツ航空（エミレーツ・スカイカーゴ）は貨物便でもハブ＆スポークの運航を行っている（香港国際空港）

日系航空会社でも貨物便のハブ＆スポークの運航は行われている。行っているのはＡＮＡの貨物便である。とはいっても拠点にする成田空港などをハブにしているのではない。ハブ空港として利用しているのは深夜の那覇空港である。ＡＮＡカーゴはアジア方面への貨物便を運航し、たとえば、すべての便を成田発アジア行きにしたのでは成田からアジアへの貨物しか運ぶことができない。

そこで、成田、羽田、中部、関西からの便が那覇に深夜に到着、深夜の那覇空港で貨物が行先別に仕分けされ、未明の那覇空港から仁川、台北、香港、上海、青島、バンコク、シンガポールなどに向けて飛び立つスケジュールになっている。こうすることで、成田から仁川、関西から台北など、さまざまな需要に対応できる。成田から仁川に行くのに深夜の那覇乗り継ぎになるなどというのは、旅客便では考えられず、そのぶん時間も要してしまうが、貨物の場合は問題なく行えるのである。

謎029 貨物便には周回するように飛ぶ便も多い

成田から台北行きが2か所を経由

世界でも貨物輸送量トップクラスの航空会社は、旅客便同様「ハブ&スポーク」の運航を行うが、貨物便ならではの運航を行う航空会社も多い。「貨物便ならでは」とはどういう飛び方だろうか。一般的には経由便が多くなるという特徴がある。

かつては旅客便でも成田~アンカレッジ~パリなど、航続距離の関係で経由便になるケースがあった。関西~クアラルンプール~シンガポールなどと飛ぶのは、それぞれの都市に飛ばすほどの需要がないため、複数の行先の便をひとつにまとめるという事情があった。

ところが、貨物便にはもうひとつ、経由便を飛ばす事情がある。A地からB地に飛んだのでは当然のことながらA地からB地にしか行くことができないが、A地からB地、C地経由でD地へ飛べば、時間は要するが、A地からB地、C地、D地に乗り換えなしで行けるほか、B地からD地にも乗り換えがない。

人間と違って自らが動くことのない貨物では、乗り換えがないということは、より重要になる。そのため貨物便には意外なほど経由便が多い。たとえば、日本発着では、台北経由香港、香港経由シンガポールなどは数多くあり、台北発中部経由仁川行き、上海発成田経由仁川行きなどという、遠くに行って近くに戻るような便もある

さらに、ポーラーエアカーゴの機体運用は広域

図29-1　世界各地を広域に運航するポーラーエアカーゴの747-400F（香港国際空港）

である。機体の拠点はアメリカのシンシナチであるが、1機の機体を追うと、アンカレッジへ飛び、成田～仁川～中部～シンシナチ～ホノルル～シドニー～メルボルン～香港～アルマトイ（カザフスタン）～ライプチヒ（ドイツ）などと、まさに世界を股にかけて飛んでいる。こうすることによって、さまざまな都市間を乗り換えなしで貨物を輸送できるのである。

貨物には機内食も不要だし、移動時間が長くなっても不都合はない。船便だと1カ月以上必要な区間を、航空機を利用すると、それが2日に短縮されるなどとなるが、その2日が3～4日かかっても影響がないと考えている荷主も多く、旅客便のような経由便によるデメリットは少ない。

旅客の場合、日本からオーストラリアへ行くのに、アメリカ経由でしかも機体に缶詰めなどというわけにはいかない。しかし、貨物の場合はそういった可能性もあるわけだ。

謎030

貨物便には世界一周便も珍しくない

成田を出発した貨物機が世界一周して3日後に戻ってくる

かつて旅客便にも世界一周便があった。当時のパンアメリカン航空には毎日、西回り、東回りの便があり、東京（当時は羽田）も寄港地のひとつであった。しかし、現在では世界一周便を運航する航空会社はなくなったし、1社で世界を1週できるネットワークを持つ航空会社もなくなっている。路線が縮小傾向にあるというわけではなく、航空連合などが緊密になったので、1社で全世界を網羅するのではなく、相手の地域は、提携する相手地域の航空会社に任せ、多くの航空会社同士が提携しているというのが現在の流れである。

しかし、貨物便では世界一周便は珍しくなく、日本の航空会社ですら運航している。日本貨物航空には、ヨーロッパへ向かう便がアメリカ経由という便があり、土曜日に成田を出発、成田～アンカレッジ～シカゴ～フランクフルト～アムステルダム～成田とたどり、成田には月曜日に戻ってくる。3日かけて世界を一周しているような便があるのだ。大西洋を飛ぶ唯一の日系航空会社である。

カーゴルックス航空の日本便は、ルクセンブルクから小松へ週4便乗り入れているが、逆方向の小松からルクセンブルク行きは週2便しかない。残りの2便はどうなるかというと、ルクセンブルクからシベリア上空を飛んで小松に到着、小松からは北太平洋をアンカレッジ経由でシカゴへ向かう。さらにニューヨークへ飛び、大西洋便として

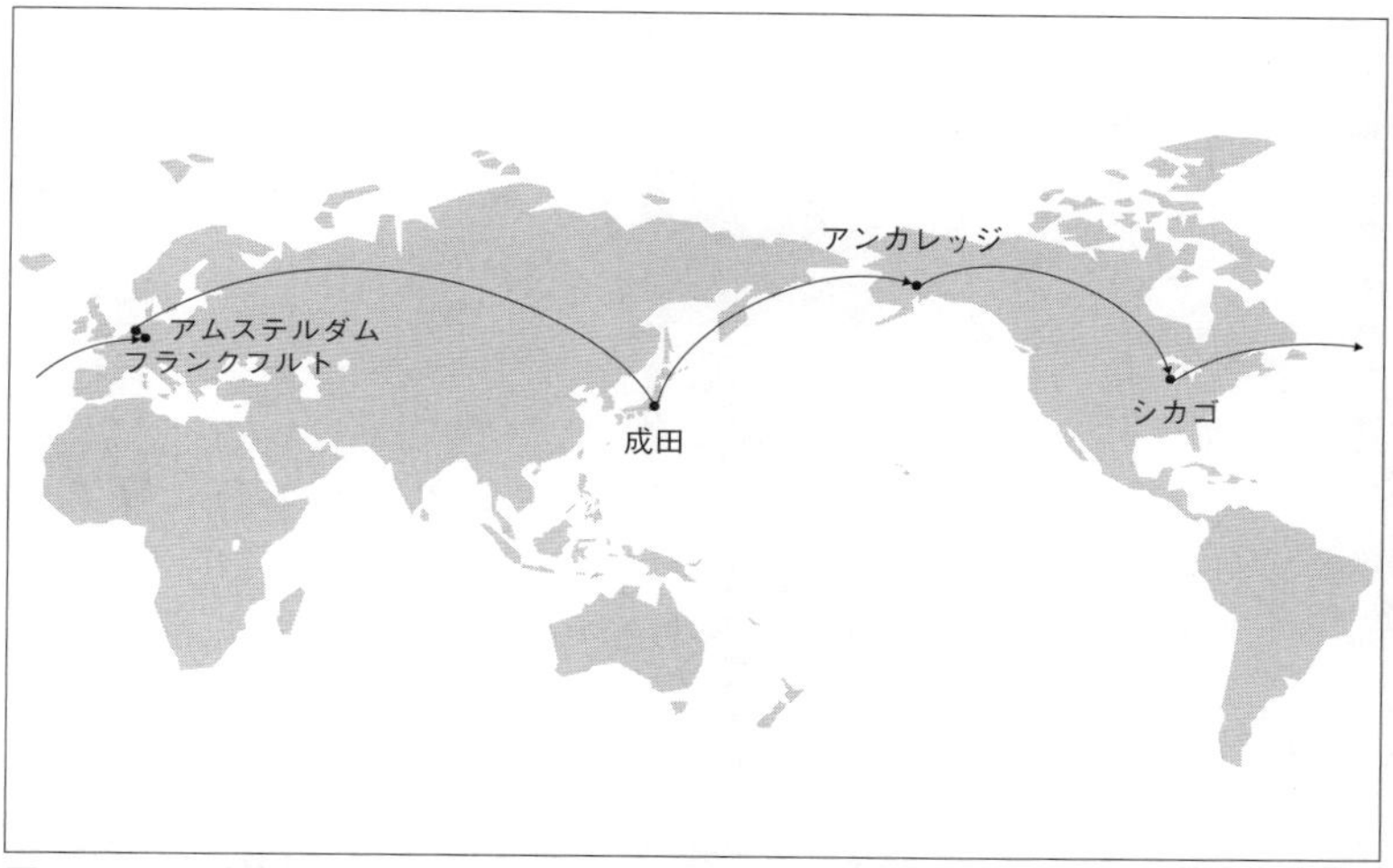

図30-1　日本貨物航空の世界一周ルートは、成田〜アンカレッジ〜シカゴ〜フランクフルト〜アムステルダム〜成田と飛ぶ

ルクセンブルクに戻るのである。途中で便名こそ変わるが、機体は同じで、ルクセンブルクを経った機体が、小松、アンカレッジ、シカゴ、ニューヨークと地球を東回りしてルクセンブルクに戻る。世界一周ルートに石川県の地方空港が含まれているというのも興味深いことである。

このように貨物便の世界一周便は珍しい存在ではなく、シンガポール航空カーゴにも世界一周便があり、アジアの航空会社が大西洋を越えたり、ヨーロッパの航空会社が北太平洋を運航していたりする。旅客便ではないことである。

これら世界一周便はすべて東回りである。機体が物流動向に合わせて動いているという理由のほかに、偏西風が東回りで吹いているという理由がある。西回りで運航すると偏西風に対して向かい風になり、燃料消費が多くなって寄港地も増やさざるを得ない。重い貨物を積む貨物便では、旅客便以上に向かい風は効率が悪いのである。

謎031

給油のための寄港が多いのも貨物便の特徴

現在でもアメリカ東海岸へはアンカレッジ経由

旅客機の航続性能向上にはめざましいものがあり、日本発着の旅客便を見渡してみると「経由便」はほとんどない。

成田からはアメリカ東海岸のニューヨーク、ワシントン、アトランタ行きはすべて直行だし、メキシコシティでも直行便である。ヨーロッパ方面を見ても、ロンドン、パリはもちろん、マドリードでも直行である。

現在ある経由便は、キャセイパシフィック航空の香港発台北経由成田行きなど、複数の需要をひとまとめにした便のみといっていいだろう。香港～台北間、香港～成田間、台北～成田間の便をひとつにまとめたのである。

距離的に直行はかなり苦しいかなというルートもあり、たとえば、エチオピア航空のアジスアベバ発香港経由成田行きがある。しかし、この便も香港への需要と成田への需要をひとつの便にまとめているという理由が大きく、最新機材を使えば直行も可能だ。現代はボーイング、エアバスともに優れた航続性能の機材を開発しているため、世界中の高需要区間はほとんど直行便化されている。

このように、旅客便では、給油のための寄港はほとんどなくなり、これは世界的傾向である。しかし、現在でも、おもに給油のための寄港が多く行われているのが貨物便である。貨物便にはアジアから欧米に向かうのにアンカレッジ経由は多く

Carrier 航空会社	CI=CHINA AIRLINES		CV=CARGOLUX		KZ=NIPPON CARGO AIRLINES				
Equipment 機種	74F	74F	74F	74F	74F	74F	74F	74F	74F
Flight No. 便名	5148	5238	9764	6586	192	132	168	134	182
Days 曜日 無印は毎日運航	3·4 5·7	6	5	7	6	6	7	1·7	4
	大阪 KIX		小松 KMQ		東京 NRT				
JAPAN 日本 発	1000	1100	1745	1545	1010	1300	2110	2230	2230
NAGOYA 名古屋 発									
TOKYO 東京 発									
HONOLULU ホノルル 発									
ANCHORAGE アンカレジ 着			VIA ANC	VIA ANC	VIA ANC	VIA ANC	VIA ANC	VIA ANC	VIA ANC
LOUISVILLE ルイビル 着									
ROCKFORD ロックフォード 着									
DALLAS ダラス 着							2050		
CHICAGO シカゴ 着	1020 3·4 5·7	1120 6	1720 5	1440	0930 6	1220 6	0105 1	2150 1·7	2250 4
CINCINNATI シンシナティ 着									
LOS ANGELES ロサンゼルス 着				[ORD-JFK:CV6597]			[DFW-ORD:KZ167]		
SAN FRANCISCO サンフランシスコ 着									
ATLANTA アトランタ 着									

Carrier 航空会社	KZ=NIPPON CARGO AIRLINES								
Equipment 機種	74F	74F	74F	74F	74F	74F	74F	74F	74F
Flight No. 便名	108	108	104	110	110	110	160	188	188
Days 曜日 無印は毎日運航	1	5	1	2·7	3·4 5	6	3·5 6	4	2
	東京 NRT								
JAPAN 日本 発	0935	1230	1955	0930	0940	1030	2230	2110	2230
NAGOYA 名古屋 発									
TOKYO 東京 発									
HONOLULU ホノルル 発									
ANCHORAGE アンカレジ 着							VIA ANC	VIA ANC	VIA ANC
LOUISVILLE ルイビル 着				[LAX-SFO:KZ109]	[LAX-SFO:KZ109]	[LAX-SFO:KZ109]			
ROCKFORD ロックフォード 着									
DALLAS ダラス 着									
CHICAGO シカゴ 着							2150	2030	2150
CINCINNATI シンシナティ 着									
LOS ANGELES ロサンゼルス 着	0315 1	0610 5	1335 1	0310	0320	0410	[ORD-JFK:KZ159]	[ORD-DFW:KZ187]	[ORD-DFW:KZ187]
SAN FRANCISCO サンフランシスコ 着				0620 2·7	0630 3·4 5	0720 6			
ATLANTA アトランタ 着									

Carrier 航空会社	PO=POLAR AIR CARGO					5X=UPS			
Equipment 機種	74F	74F	74F	74F	74F	76F	76F	76F	76F
Flight No. 便名	752	962	214	214	214	109	117 109	105	105
Days 曜日 無印は毎日運航	2·3 4·5	7	1·3	2·4	5	EX 6·7	6	1	2·4 5
	東京 NRT					東京 NRT	大阪 KIX		
JAPAN 日本 発	0930	0930	2140	2145	2205	2155	1920	2230	2230
NAGOYA 名古屋 発			0150 2·4	0150 3·5	0350 6				
TOKYO 東京 発							2155		
HONOLULU ホノルル 発									
ANCHORAGE アンカレジ 着	VIA ANC	VIA ANC				VIA ANC	VIA ANC	VIA ANC	VIA ANC
LOUISVILLE ルイビル 着						0045 EX 7·1	0045 7	0926 2	
ROCKFORD ロックフォード 着									0003 3·5·6
DALLAS ダラス 着									
CHICAGO シカゴ 着							1200 2	2200 2	0400 3·5 6
CINCINNATI シンシナティ 着	1050 2·3 4·5	1050 7	0115 2·4	0115 3·5	0315 6				
LOS ANGELES ロサンゼルス 着							[TYO-SDF-ORD:5X	[ANC-SDF-ORD:5X	
SAN FRANCISCO サンフランシスコ 着			[NRT-NGO:P	[NRT-NGO:P	[NRT-NGO:P				
ATLANTA アトランタ 着									

図31-1　時間が示されずに「VIA ANC」(ANC=アンカレッジの3レター）と表示されているのは給油のための寄港である（フジインコーポレーテッド発行「FUJI AIRWAYS GUIDE 国際線・国内線ガイド」2016年10月号より）

存在する。上海、香港、台北などとアメリカの間は多くの貨物専用便で結ばれているが、その多くはアンカレッジを経由する。成田発でもアメリカ西海岸行きは直行できても、アメリカ東海岸行きではアンカレッジ経由となる便がほとんどである。

最新の貨物用機材ボーイングの747－8F貨物専用機を運航する日本貨物航空のアメリカ行きでは、アメリカ西海岸のロサンゼルス行きは直行ながら、シカゴ、ダラス、ニューヨーク行きはアンカレッジで給油を行う。アンカレッジで貨物の積み下ろしをするのではなく、単に給油である。

旅客便の世界では、かなり以前からアメリカ東海岸でも直行便というのは当たり前であるが、貨物便では最新機材をもってしても日本からアメリカ東海岸へのノンストップ運航ができない。

最大離陸重量との兼ね合いなので、搭載貨物を少なくして燃料を多く積めば直行できるが、貨物輸送事業として成り立たせるだけの貨物を積んだ場合、アンカレッジでの給油が必要なのである。そのぶん、アンカレッジの空港使用料がかかり、所要時間が長くなるぶん、機体の運用効率が下がってしまうが、それを考慮しても積載貨物を多くしたほうが貨物輸送事業としては得策となる。

かつては日本からヨーロッパへ行く場合、多くの便はアンカレッジに立ち寄ったもので、一部の航空会社では、日本からアラスカへオーロラを見に行くツアーや冬季はスキーツアーも企画されていた。しかし、現在では観光でアラスカに行きたいと思っても、日本からアメリカ本土のシアトルに飛び、そこから国内線でアンカレッジに向かうしかアクセス方法がなくなっている。

ところが、貨物便の世界をのぞいてみると、アンカレッジは現在でもアジアとアメリカの中継地としてにぎわっている。また、かつてと異なるのは、日本発着便はもとより、韓国、中国、台湾とアメリカ本土を結ぶ貨物便が多くなっていて、それらもアンカレッジを経由していることで、フェデックス・エクスプレスは、どうせアンカレッジを経由するのだからと、ここをアメリカ本土とアジアの間の積み換えの拠点としている。

ボーイングやエアバスの機材は、貨物専用機といっても基の設計は旅客機である。そのため、旅客型であっても貨物型であってもエンジン推力や燃料搭載量も同じなので、最大離陸重量は同じである。つまり旅客便に載せた乗客と手荷物や貨物、機内食などを含めた合計の重さと同じだけの貨物を積めば、旅客便同様に成田からアトランタでも直行できるはずである。このことを考えると、いかに貨物便に積まれている貨物が重いかが理解できるだろう。旅客は機内で自由に歩くことができ、天井までの空間は空いているが、貨物便には同じ空間にぎっしり重い貨物が積まれているのである。

それでは、世界を見渡してみて、アンカレッジと同じような役目の空港はほかにあるだろうか。

かつては日本からヨーロッパへの便もアンカレッジを経由していたが、アジア〜ヨーロッパ間の貨物便はどこで給油しているのだろうか。すると、意外なほどに経由便は少なく、少し以前まではカザフスタンのアルマトイなどを経由していたが、そういった便も減っている。かつてヨーロッパ行きがアンカレッジを経由していた理由に、距離的な問題のほかに、東西冷戦時は現在のロシア上空を自由に航行できなかったという理由もある。現在、アジアでは中国からのヨーロッパ行き貨物便が多くなっているが、多くが直行である。

ちなみに、旅客便と貨物便の違いに、貨物便は予定の到着時間より3時間以上も早く到着するなどということがたまにある。旅客便でも「早着」は珍しいことではなく、10時間以上の距離を飛ぶ長距離便が追い風に乗るなどした場合、時刻表上の到着時間より1時間も早く到着することがある。しかし、いくら追い風に乗っても、定刻に出発して時刻表より3時間早く到着することは、旅客便では無理である。

ところが、貨物の経由便の場合、経由地で行うのは給油のみ、すると、その日、たまたま積載貨物が少なく、あるいは軽いものが多かったりし、追い風に乗れば燃料消費が少ないと判断されれば、経由地をパスして直行することなどは可能である。

ずいぶんと以前の話になるが、その当時ルフトハンザ・カーゴの成田便はフランクフルト発フェアバンクス（アメリカのアラスカ州）経由成田行きであったが、たまにフェアバンクスを経由せずに成田に飛来していた。時刻表通りだと成田着は夜になってしまうが、フェアバンクスを経由しなければ明るいうちの成田到着となり、写真撮影が可能になったという思い出がある。なお、現在の同社便は直行かモスクワを経由していて、フェアバンクスは経由していない。

謎032

貨物専用便のさまざまな運航方法

分社化、委託運航も盛んである

大手航空会社の多くは旅客便を運航するとともに貨物専用便も運航していることが多い。日本では日本航空が経営破綻時に貨物専用便の運航をやめてしまったが、ANAが貨物専用便を運航している。海外に目を転じると、アジア各国の大手航空会社はおおむね貨物専用便も運航している。大韓航空、アシアナ航空、中国国際航空、中国東方航空、中国南方航空、キャセイパシフィック航空、タイ国際航空、マレーシア航空、シンガポール航空、いずれも形態に差はあるものの貨物専用便を運航している。

しかし、組織的な面や、機材の運航方法には差もある。たとえば韓国、台湾の航空会社、キャセイパシフィック航空などは旅客便も貨物便も同じ航空会社が運航していて、大韓航空の場合、旅客便であっても貨物便であっても便名に使われる2レターはKE、3レターはKAL、チャイナエアラインでも双方とも2レターはCI、3レターはCALであり、その他の航空会社も同様である。

ところが、近年は微妙に貨物航空部門のあり方に変化が出てきている。

たとえば、ANAの貨物部門はANAカーゴ、中国国際航空の貨物部門は中国国際貨運航空で、ANAとANAカーゴ、中国国際航空と中国国際貨運航空は関連会社ではあるが別会社となった。

ANAカーゴの場合、「ANAカーゴ」はAN

A系列の航空貨物ブランドという位置付けで、機体の運航はANAやANAの運航会社であるエアージャパンが行っている。ANAとANAカーゴでは「ANA」のロゴマークが異なるなどの微妙な差がある。

ロゴマークや機体デザインは同じであるが、中国国際航空の2レターがCA、3レターがCCAながら、中国国際貨運航空の場合、2レターはCAのまま、3レターはCAOと微妙に異なるようになった。同じくシンガポール航空でも、貨物部門はシンガポール航空カーゴという系列会社になり、シンガポール航空の2レターがSQ、3レターがSIAであるのに対し、シンガポール航空カーゴは2レターがそのままSQ、3レターはSQCとなり、旅客便と貨物便で微妙に扱いが異なっている。

中国東方航空の貨物部門は中国貨運航空となり、機体デザインは同じものの、中国東方航空の2レターがMU、3レターがCESであるのに対し、中国貨運航空は2レターがCK、3レターがCKKと、旅客便と貨物便では2レター、3レターともに別会社扱いとなった例もある。

旅客部門と貨物部門の分社化などが進むいっぽうで、貨物便の運航を他社に委託するケースも多い。その背景には何があるかというと、旅客便でおもに使われる機材と、貨物便でおもに使われる機材の差が大きくなっているという点がある。

たとえば、大韓航空やチャイナエアラインは旅客便、貨物便ともに747を運航するので、双方の便は同じパイロットで運航できる。実際、こういった航空会社のパイロットは、今日は旅客便、明日は貨物便といった乗務もあるそうだ。同じ機種なら旅客でも貨物でも同じということである。

しかし、近年は旅客便では双発機材が多くなり、いっぽうで貨物便は、4発であっても大きな貨物容量がある747が多く使われているという側面がある。すると同じ航空会社組織でこれらを運航しようと思うと、便数の少ない貨物便のために、その機材のパイロットを確保しておかねばならない。たとえばエミレーツ航空は旅客便では747を運航していないが、貨物便には747があり、その運航の一部は世界の4大インテグレーターの1社TNT／エクスプレスの貨物航空会社TNT航空に委ねている。

そこで、おもに貨物便の747の運航を請け負う航空会社が存在する。たとえば、アイスランドのエアアトランタアイスランドは、自社ブランドでは航空便を運航していないものの、多くの747貨物専用機を保有し、それを各航空会社の貨物便として乗員ごとリースしている。年単位での契約になるので、その航空会社のデザインを施して運航し、機体に「エアアトランタアイスランド」という文字は見当たらない。サウディアの747貨物専用機はこういった方法で運航しているほか、かってはマレーシア航空の747貨物便もエアアトランタアイスランドの運航であった時期がある。

物流事業者が、貨物航空会社の機体を貸し切って自社の貨物を運ぶ例もある。ヨーロッパ最大の物流会社、ドイツのDHLは、自らも貨物航空会社を持ち、機体に大きくDHLと書かれた貨物専用便を多く運航しているが、世界中すべての地域を自社便だけでカバーしているわけではなく、地域によってその地域の貨物航空会社に運航を委ねている。日本にはDHL自らの貨物機は運航していないが、実際には、日本へは多くの「DHL」と記された機体が貨物便として乗り入れている。

香港から成田、中部、関西へ乗り入れるエア・ホンコンはDHLの貨物を運んでいる。いわばエア・ホンコンは機体の運航会社であり、DHLの貨物を運んでいる。機体はDHLのコーポレートカラーである黄色い尾翼をしており、機体後部にはDHLのための運航であることが記されている。

図32-1　エア・ホンコンA300Ｆの機体後部にはDHLの記載がある（中部国際空港）

アメリカのシンシナチから日本へ乗り入れるポーラーエアカーゴの一部の便もＤＨＬのための運航である。ポーラーエアカーゴは自社のイメージはブルーの尾翼であるが、一部の機体は尾翼が黄色である。ＤＨＬはドイツの物流会社であるが、アジアの拠点を香港、アメリカの拠点をシンシナチとしている。

エア・ホンコンはキャセイパシフィック航空の系列会社である。キャセイパシフィック航空も自社で貨物専用便を運航していて、成田にはキャセイパシフィック航空、エア・ホンコン双方の７４７貨物専用機が運航している。会社が同じにもかかわらず、便が統合されないのは、エア・ホンコンの便は実質的にはＤＨＬ便となるからである。

このように、日本においても世界の４大総合物流会社（インテグレーター）の航空便のうち、フェデックス・エクスプレス、ＵＰＳ航空、ＤＨＬが乗り入れていることになる。

謎033

新潟へ飛んでいた貨物専用機の役割は？

航空とシベリア鉄道で貨物を運んでいた

過去には日本発着の貨物便に特異な便もあった。ソ連崩壊以前、新潟空港にはアエロフロート・ソ連航空の貨物便がハバロフスクからイリューシンＩＬ－76キャンデッドで乗り入れていた。

当時のソ連極東部は日本海側との結びつきが深く、ハバロフスクと成田は結ばれていなかったものの、新潟とは独自の交易があり、アエロフロート・ソ連航空のツポレフＴｕ－１５４と、日本航空も７２７で旅客便を運航していた。その後、ロシアになってからも新潟へはハバロフスク、ウラジオストクから、富山へもウラジオストクからの便が飛ぶなど、ロシア極東部と日本海側は独自の関わりがあった。

しかし、新潟に貨物便まで飛ぶとはどういった需要があったのだろうか。それにはシベリア鉄道を介した日本とヨーロッパを貨物で運ぶという需要があった。当時、日本とヨーロッパの間の貨物輸送には大きく二つの方法があった。一つは航空貨物を利用する方法で、運賃は高いが所要時間は短くてすむ。もう一つは船便で、運賃は安いが所要時間はかなり長くなる。航空は速いが運賃が高く、船だと所要時間が大幅に長くなり、その中間的な存在がなかったのである。

そこで、新潟からハバロフスクまで航空便、ハバロフスクからはシベリア鉄道でモスクワを介してヨーロッパまで貨物を運ぶという方法があった

図33-1　雪の新潟空港に降り立ったアエロフロート・ソ連航空時代の貨物機

のだ。運賃がリーズナブルで、航空貨物よりは所要時間は長くなるが、船便よりはずっと速くなる。

ソ連崩壊後は新潟～ハバロフスク間の貨物便が運航されなくなったので、日本～ロシア間が海上輸送となったが、かつてこういった貨物ルートが形成されていたのである。

実は2章の58ページで、日本を含むアジアとヨーロッパの間より、日本を含むアジアとアメリカのほうが航空貨物需要が大きいと記したが、アジア～アメリカ間は空路か海路に限られるのに対し、アジア～ヨーロッパ間はそれに鉄道という方法が加わるというのも、航空貨物需要が少なくなるひとつの要因である。

シベリア鉄道や中国からモンゴル経由でロシアに至る鉄道は、貨物需要が高く、旅客列車よりもはるかに多い本数の貨物列車が行き交っていて、日本の貨物列車などに比べ、はるかに1列車あたりの貨物輸送力は大きい。

謎034

貨物便の小松空港乗り入れには意味がある

東京、名古屋、大阪の3大都市圏すべてに交通の便がいい

新潟空港への貨物専用便運航はなくなったが、日本海側の空港に乗り入れる貨物専門航空会社が現在もある。小松空港に乗り入れるルクセンブルクのカーゴルックス航空とアゼルバイジャンのシルク・ウェイ・ウエスト・エアラインズである。

ルクセンブルクはベネルクス3国ではマイナーで、同じベネルクスでもオランダからはKLMオランダ航空が日本へ、ベルギーへはANAが乗り入れるなど、日本との関係は深い。しかし、ルクセンブルクへの旅客便はない。ルクセンブルク・フィンデル空港にはアジアに限らず、長距離旅客便は発着しておらず、ヨーロッパ内への運航にとどまっている。この国を代表するルクスエアも短距離機しか保有していない。アゼルバイジャンも同様で、日本との間に旅客便はない。

では、いわばヨーロッパの田舎の空港から貨物便が、日本の地方空港である小松になぜ飛んでくるのだろうか。小松とルクセンブルクやアゼルバイジャンにどういう関わりがあるのだろうか。

カーゴルックス航空は世界的に大きな貨物航空会社で、ルクセンブルクを拠点に貨物専用便を世界各国に運航する。旅客便を運航するルクスエア系列で、親会社ではもっとも大きな機体で737しか保有していないのに、子会社の貨物航空会社は機材を747に統一しているわけで、いかに貨物輸送に力を入れているかが分かる。

図34-1　日本唯一の就航地を小松とするカーゴルックス航空

ルクセンブルクは大消費地であるドイツ、フランス、オランダ、ベルギーの中間に位置し、これらの国の大都市のどこへ行くにも距離的に近いという地の利を活かして、ルクセンブルクを貨物基地と位置付けて運航している。

日本でも東京、名古屋、大阪へ比較的近い小松を基地とすることで、どの都市の需要にも対応できる空港として小松を選んでいる。シルク・ウェイ・ウエスト・エアラインズも同じ理由で小松を乗り入れ地に選んだ。

カーゴルックス航空は１９９４年から小松空港に乗り入れている。小松空港は航空自衛隊が管理し、当時から滑走路が２７００メートルあり、地方空港としては滑走路が長かったことも、重い貨物を積んだ７４７が発着するのに適しており、このことも小松空港就航の大きな要因であった。

新幹線開業で羽田との需要が減った小松空港であるが、貨物での重要度は増すのかもしれない。

謎035

簡易塗装も多かった貨物専用機

塗料の重さも燃費に関係する

航空機は日本の鉄道車両などと異なる特徴を持ち合わせている。それはレディメードだということである。たとえば、ＪＲ東海の東海道新幹線とＪＲ東日本の東北新幹線の車両は別々に開発されたもので、色やデザインだけでなく、形そのものが異なる。

その点、航空機は同じボーイング７８７であれば、日本航空が使っている機体もＡＮＡが使っている機体も同じである。エンジンメーカーや機内の座席配置が異なることはあるが、基本的に異なるのは色やデザインだけで、塗装を剝がしてしまえば同じものとなる。鉄道車両は色やデザイン以外に形そのものでも個性を出せるが、航空機の場合はそれができないのが常である。こういったことがあるせいか、航空会社は機体のデザインやロゴマークにはこだわるのである。

しかし、貨物便の場合、客を乗せることがないので、簡略化された塗装の機体も多かった。たとえば、貨物専用便を運航していた当時の日本航空、以前の大韓航空、そしてキャセイパシフィック航空の７４７や７６７貨物専用機には、機体には塗料をペイントせず、社名のみを入れ、尾翼のみ旅客機と同じデザインにした機体が何機かあった。こうすることによって塗装代が節約できるほか、もちろん金属地肌というわけにはいかないので透明の薬品による表面処理はされているが、塗料の

図35-1　あえて機体には塗装を施さないで飛んでいた貨物専用機も多かった（成田国際空港）

ぶんだけ重量が軽くなり、燃費の向上にも役立ったのである。

貨物便ならではの機体デザインのワンポイントもある。新造時からの747ジャンボ・フレイターにはノーズ・カーゴ・ドアがあり、このドアが開くとロゴマークが見えるようになっている航空会社が多い。ドアが閉まっているときはロゴマークは下を向いていてなかなか見えない。貨物便ならではのおしゃれな部分である。

図35-2　747ジャンボ・フレイターのノーズ・カーゴ・ドアを開けるとロゴマークが現れる（サンパウロ・ヴィラコポス空港）

謎036

機体に社名を記さなかった貨物機もあった

中国と台湾への配慮

簡易塗装でもユニークな運用だったのが以前の日本航空と日本アジア航空である。日本アジア航空は過去にあった航空会社で、日本航空が中国本土への便をはじめた関係で、台湾へ運航する航空会社は便宜的に日本アジア航空という別会社となった。

とはいえ、日本アジア航空は100%日本航空の子会社で、日本航空の台湾路線だけが、形の上で別会社だったのである。

当時は中国本土と台湾の間に直行便はなく、政治的にも微妙な立場だったための配慮だった。日本アジア航空は日本航空の機体を改装して使われたが、日本航空とほぼ同じデザインながら、ロゴである鶴丸は使われていなかった。

しかし、貨物専用便は週2便程度の運航で、そのために専用の機材を用意するのは効率的ではない。そこで貨物専用機のみ日本航空と日本アジア航空共用の機体が用意された。これにはクリアしなければならない問題もあった。機体の社名やロゴマークである。鶴丸のロゴマークで台湾へ乗り入れるわけにはいかない。

そこでDC－8の貨物機では尾翼にはロゴマークを入れず、機体には「JAA」（Japan Asia Airways＝日本アジア航空）カーゴとペイントされた。そして、日本航空便として運航するときには最後の「A」の上に「L」のシールを張ってJ

図36-1　日本航空と日本アジア航空が共用していた貨物専用機は、社名がはっきりしない状態だった（成田国際空港）

ＡＬ（Japan Air Lines＝日本航空）として運航したのである。

「Ａ」ではなく「Ｌ」をシールにした理由は、もし飛行中シールが剝がれた場合、台湾以外の国でＪＡＡになるのは問題ないが、台湾でＪＡＬになってしまうのを避けたという理由があったそうだ。表記は機体左側のドアサイドのみに施され、反対側はそれさえも省略されていた。

ＤＣ－８が引退し、後継で日本航空と日本アジア航空が共用する貨物専用機の機体が７４７になったときは、さらに簡易的な方法となった。機体にはＪＡＡともＪＡＬとも記されず、単に「ＪＡ」となった。これならJapan Airにも解釈できるし、Japan Asiaとも解釈できる。尾翼のロゴマークも省略されたが、さすがに７４７の尾翼は面積が大きいので、その大きな垂直尾翼が真っ白というのは寂しい。そこで機体番号がその尾翼に大書きされたのである。

謎037

近年の貨物ターミナル事情

LCCターミナルと貨物ターミナルの妙な関係

大空港では旅客ターミナルが複数あるのは珍しいことではなく、およそターミナル1、2、3などと分かれていることが多い。羽田空港にも成田空港にもターミナルは三つある。では、貨物ターミナルはどうであろうか。

成田空港を例にすると、貨物ターミナルも複数あり、しかも貨物ターミナル同士はかなり離れている。当初、成田空港の貨物ターミナルはA滑走路側の北側のみで、すべての貨物便はここを発着していた。後にB滑走路側にも貨物ターミナルができ、一部の航空会社はB滑走路側の貨物ターミナルを発着するようになったが、現在はその場所には貨物便は発着しておらず、その部分にLCCが発着するターミナル3が建っている。さらに、A滑走路南側に南部貨物地区という新しい貨物ターミナルが建設され、日本貨物航空、エアブリッジ・カーゴ、カーゴルックスイタリアの3社はここを発着している。この3社以外の貨物便は従来からの貨物地区を発着している。

貨物ターミナルは多くの「貨物上屋」と呼ばれる建築物から成っていて、A滑走路北側の貨物地区に6棟、B滑走路側に1棟、そして南部貨物地区にも複数の貨物上屋がある。このうち、B滑走路側の上屋付近には貨物便の発着はなく、おもにターミナル2に発着する日本航空などの床下に載せる貨物が扱われている。上屋が、旅客でいう旅

図37-1　大きな敷地と空間がある成田空港の貨物上屋内部

客ターミナルと思えばいいのだが、その上屋の数が多くなる理由は、旅客同様に「出発」に相当する「輸出」、「到着」に相当する「輸入」、「乗り継ぎ」に相当する「仮陸揚」によって、ビルそのものが異なるからである。旅客の場合、出発客と到着客はおもに階数で分けるが、貨物の場合大きな空間が必要なため、ビルそのもので分かれているのである。そして、旅客ターミナルビル同様に、保税エリアに相当する部分があり、通関手続きを終えた荷物と、終えていない荷物は、置かれる場所が厳密に分けられている。

近年、この貨物エリアを巡って、世界各国で共通した傾向もある。日本でも成田空港、関西空港、那覇空港には、ＬＣＣが発着するターミナルが建設された。成田空港でいえばターミナル３である。ＬＣＣは運航コストを下げるため、ボーディングブリッジなどを使わず、シンプルな構造のターミナルから発着するというのがビジネスモデルであ

図37-2　成田空港のターミナル3は貨物地区にあり、旅客通路とは厳重なフェンスで仕切られている

るが、空港が計画された時点では、このようなLCCターミナルの建設計画はなかった。

そのため、成田、関西、那覇ともに、LCCターミナルは貨物地区に隣接する場所に建設された。通常、旅客ターミナルがあり、そこから少し離れた場所に貨物ターミナルがあるのだが、最初の計画時にLCCターミナルは計画していなかったので、メインの旅客ターミナルから少し離れた場所にLCCターミナルを建設しようと思うと、貨物ターミナルのそばになってしまうのである。

ところが厄介なこともある。前述のように、貨物ターミナルに運ばれている貨物は多くが通関手続き後の貨物となり、LCCターミナルの建設された場所は多くが貨物の保税エリアなので、いわば関係者以外は立入できないエリアとなる。

たとえば、成田空港のLCC専用ターミナルとなるターミナル3は「第5貨物ビル」という貨物上屋に隣接していて、ターミナル1やターミナル

２とは無料連絡バスで結ばれているが、バスがターミナル３に出入りする場合はゲートがあり、そのつどチェックを受けて出入りし、バスの乗降場はドアとビルが密着するようになっていて、乗客は外に出ることはできず、常に警備員が立っていて、ターミナル１やターミナル２に比べて物々しい雰囲気である。また、ターミナル３には都心からなどの空港アクセスバスは直接乗り入れることはできない。

さらに、那覇空港では、ＬＣＣターミナルはやはり貨物の保税エリア内にあるので、ターミナル間連絡の無料バスでしか行き来ができず、このターミナルに徒歩で行くことができないといった変わった場所にある。

ＬＣＣのフライトが増え、新たなターミナル用地を見いだそうとした結果、貨物エリアに隣接した場所にしか新ターミナルのスペースが見いだせなかったということである。

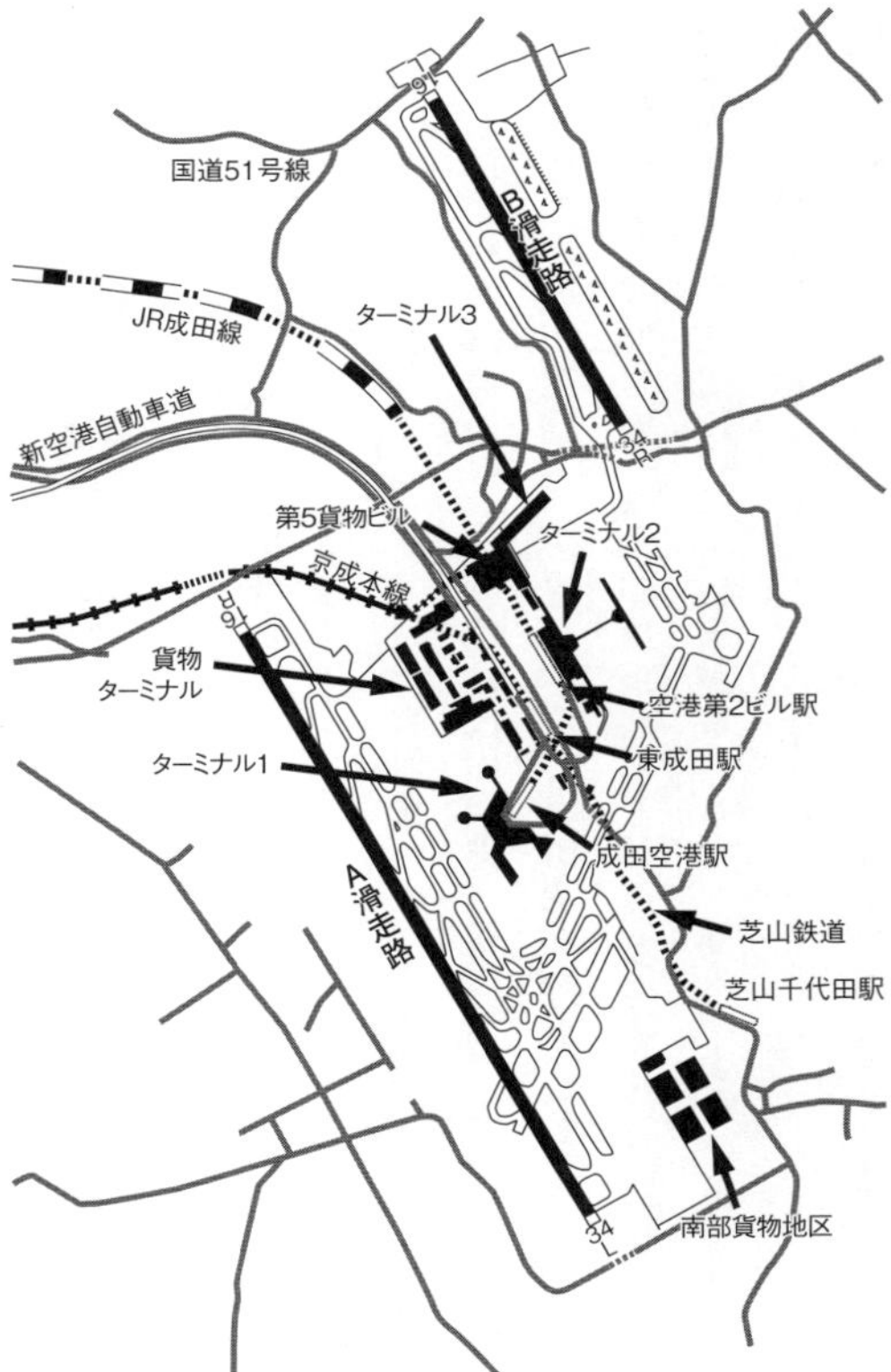

図37-3　成田空港の貨物ターミナルは数カ所に分散している

謎038

貨物拠点として成長する成田空港と周辺

貨物の空港へのアクセスも向上

日本発着の航空貨物を多く扱っているのは何といっても成田空港である。日本全国で扱われる航空貨物のうち、重量ベースで59・4%が成田空港で扱われていて、2位の関西空港の20・4%を大きく引き離している。3位以下の空港はすべて10%未満となる。関西空港が24時間空港であるにもかかわらず、成田空港の数値が圧倒的に多く、いかに限られた時間帯に多くの貨物が運ばれているかが分かる。貨物専用便が多いことも理由のひとつとしてあるが、一般的に成田発着の旅客便の床下は貨物も多く詰まっているのである。

貨物の重量ではなく、貿易額でも成田空港が1位になる（港湾関係含めて）。輸出額でこそ1位はトヨタ自動車などがある関係で名古屋港となるが、2位は成田空港、輸入額では成田空港が1位で、総合すると成田空港が1位である。総合では2位が東京港で、名古屋港は3位となり、名古屋港は輸出が多いものの輸入が少ないという特徴がある（数字はすべて2014年）。

成田空港の貨物取扱施設（貨物上屋）の面積は19・8万平方キロメートル、貨物処理能力は235万トンである。235万トンというと、仮に747ジャンボ・フレイターに100トンの貨物を載せたとしても、2万3500機分、1年の365日で割ると1日64機分となる（数字はすべて2015年）。

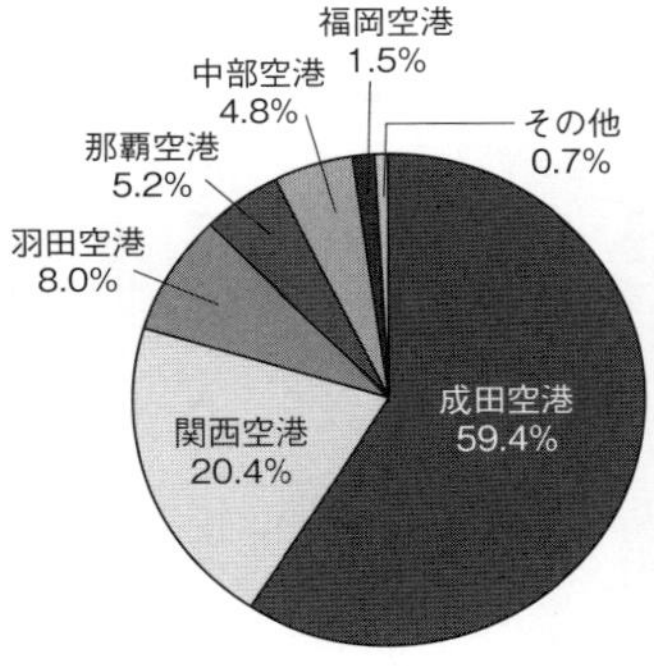

空港名	総取扱量	積込量	取扱量
成田空港	2,043,372	938,770	1,104,602
関西空港	700,325	328,454	371,871
羽田空港	276,738	124,197	152,541
那覇空港	178,089	84,775	93,314
中部空港	165,722	82,560	83,162
福岡空港	50,159	19,324	30,835
その他	25,091	11,401	13,690

出所：財務省貿易統計

全国の空港で取り扱われる国際航空貨物のうち、成田空港が占める割合は約60%。

図38-1　国内主要空港の国際航空貨物取扱量（2014年）

このように、成田空港は国際航空貨物においても日本の玄関となっていて、旅客においても、空港はアクセス交通や周辺の宿泊施設が重要となるが、国際航空貨物においても同じことがいえる。成田空港では貨物における空港アクセスが２０１５年に大幅に改善された。成田空港から出る東関東自動車道と東京を外側でぐるりと環状する圏央道がつながり、トラックによる貨物輸送がスムーズになったのである。旅客と違い、貨物の場合は空港から都心方向に向かう割合は少なく、千葉県、埼玉県、都心を通らずに神奈川県方面への流れも多く、そのようなアクセスが向上したのだ。貨物のアクセスの場合、旅客とは違った視点となる。

成田空港周辺の物流施設も整ってきている。旅客でいう空港周辺のホテルのような役目で、貨物の「前泊」のような施設である。２０１５年現在、成田空港周辺には、39社の42の物流施設が集まっている。

物流施設が集まっている地域としては、千葉県市川市から船橋市にかけての原木地区があり、この地区は成田空港へも羽田空港へも交通の便がいいことから、東京税関も出張所をおいて通関手続きにあたっているが、成田空港周辺の物流拠点化も近年めざましいものがある。

ちなみに、成田空港のそばに東成田駅という鉄道駅がある。ここは1978年、成田空港開港当時、京成電鉄の成田空港駅だったところで、その当時は空港（ターミナル1）から約1キロ離れており、この間はバス連絡であった。現在の成田空港駅は1991年に完成していて、もともとは成田新幹線用に建設してあった地下の駅施設にJR在来線と京成電鉄が乗り入れて現在の姿になった。そして、旧成田空港駅が現在は東成田駅となり、旅客の利用者はほとんどいないものの、ターミナル2とは秘密の地下通路のようなものでつながっている。

それでは、この旧成田空港駅こと東成田駅は現在どのような人が乗降しているかというと、この東成田駅は鉄道駅としては貨物地区にもっとも近く、貨物地区に勤務する通勤客需要がある。また、東成田駅は京成電鉄としては終点であるが、線路はまだ先があり、ここから第三セクターの芝山鉄道としてひと駅先の芝山千代田まで運行している。芝山千代田は南部貨物地区の最寄り駅になっていて、芝山鉄道は成田空港にあるふたつの貨物地区をつなぐように線路が敷かれている。

芝山鉄道は、この地域に成田空港があることで地域分断、騒音などの迷惑への見返りとして建設された経緯があり、出資している筆頭企業は成田空港で、そのほか千葉県、日本航空、京成電鉄などの関連地域や企業が出資している第三セクター鉄道である。この地域は空港勤務者などが多く居住しているが、その中には航空貨物関連の人も多くいるのである。

謎039

貨物便は重量感から、写真の被写体として人気

３発機やジャンボ機が今も活躍する

話は少し飛ぶが、近年は鉄道趣味の世界で貨物列車に人気があるという。２０１６年には北海道新幹線が開業し、それと同時に日本から機関車の引く定期夜行列車が姿を消してしまった。すると、本線上を力強く機関車が重そうな列車を牽引して走る姿は貨物列車しかなくなってしまっているのだ。「貨物列車に人気がある」というより、力強い機関車の姿をカメラに収めようとすると、必然的に貨物列車になってしまうわけだ。そんなことから、本来は貨物の荷主用に販売されていたＪＲ貨物の時刻表が、鉄道ファンの購買者が多く、隠れたベストセラーになっているそうだ。

そして、これと同じような現象が航空機にもいえるようになってきた。旅客機の世界では、ボーイングの７８７やエアバスのＡ３５０ＸＷＢなどに人気があり、いずれも軽い機体に強力で低騒音のエンジンを備えているため、燃費がよく、軽快ではあるが、かつての３発機、４発機に比べて、力強さのようなものには欠け、写真の被写体としては７４７やＭＤ－11の力強い離陸などのほうが絵になるというのである。

そんなことから、空港での航空写真の被写体として貨物便は隠れた人気者となっている。旅客便にも７４７、Ａ３８０といった巨人機はあるが、７４７はすでに日本の旅客航空会社からは姿を消し、その傾向は世界的傾向である。７４７には－

8ICという最新型があるが、導入したのは世界で大韓航空、中国国際航空、ルフトハンザドイツ航空のみである。A380もメジャーな航空会社が運航しているが、やはりその大きさゆえに運航している数は限られてしまう。

すると、成田空港などで見られる4発機の多くは貨物便ということになるのである。また、3発機に関しては、すでに貨物便でしか見ることはできなくなっていて、これは世界的な傾向である。

一般に滑走路の長さも、機種によって「747が離着陸するには何メートル必要」などといわれることが多いが、旅客機に関しては全般的に長い滑走路が不要になる傾向にある。身軽で長距離を飛べる787などの機材が増えた結果、短い滑走路からでも長距離国際線が運航できるようになった。A380のような巨人機であっても、性能上は2500メートル滑走路から離陸でき、運航する距離や、空港のある標高などにも左右されるが、3000メートル以上の滑走路があれば、定期便運航にも差し支えない。

すると、成田空港のA滑走路、関西空港のB滑走路のような4000メートル、関西空港のA滑走路、中部空港のような3500メートル滑走路は何のためにあるかというと、3500メートルの滑走路長があれば、貨物を満載した定期貨物便が、年間を通して安定して離着陸できるという理由がある。厳密にいうなら、離着陸というより、離陸滑走時、万一エンジントラブルなどで離陸を中止しなければならなくなったとき、安全に停止できるだけの長さという意味がある。

身軽になった旅客便に対し、重量物を満載して性能ギリギリの運航を行うことも多いのが貨物便ということになる。

では、航空貨物便の時刻表は存在するのだろうか。

旅客便であれば、インターネットで、航空各社のページから調べられるほか、おもに旅行検索サイトなどが世界のフライト・スケジュールを提供しているので簡単に分かるが、貨物便のフライト・スケジュールはなかなかない。しかし、日本発着便に限ってであれば、旅客便を含めて掲載されている冊子がある。フジインコーポレーテッド株式会社が発行している「FUJI AIRWAYS GUIDE 国際線・国内線総合航空時刻表」というもので、毎月発行されていて、価格はお手頃な380円である。ただし、全国の書店どこでも販売されているわけではないようなので、ネット通販などを利用してみるといいだろう。

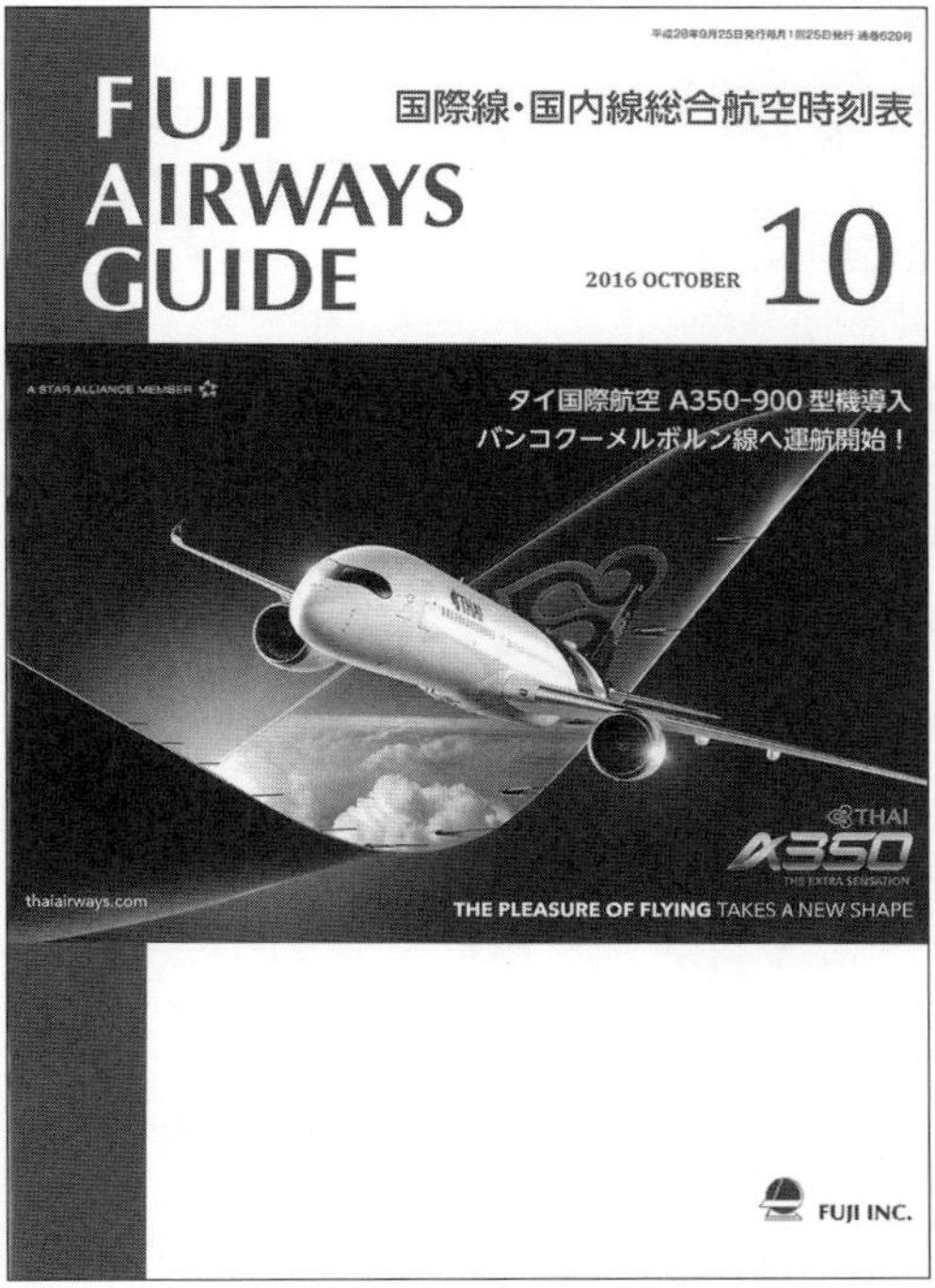

図39-1　月刊で発売される「FUJI AIRWAYS GUIDE 国際線・国内線総合航空時刻表」

〔著者略歴〕　谷川一巳（たにがわ・ひとみ）

1958年（昭和33）、横浜市生まれ。日本大学卒業。旅行会社勤務を経てフリーランスライターに。雑誌、書籍で世界の公共交通機関や旅行に関する執筆などを行う。利用した航空会社は100社以上、訪れた空港は260以上になる。著書に『まだある旅客機・空港の謎と不思議』『空港・航空券の謎と不思議』『旅客機・航空会社の謎と不思議』『普通列車の謎と不思議』『地下鉄の謎と不思議』（以上、東京堂出版）、『ニッポン鉄道の旅68選』『鉄道で楽しむアジアの旅』（平凡社）、『世界の駅に行ってみる』（大和書房）、『こんなに違う通勤電車』（交通新聞社）、などがある。

●本文記事は、2016年11月現在のものです。

航空・貨物の謎と不思議

2016年11月20日　初版印刷
2016年11月30日　初版発行

ISBN978-4-490-20954-9　C0065

著　者　　谷川一巳
発行者　　大橋信夫
印刷製本　図書印刷株式会社
発行所　　株式会社東京堂出版
http://www.tokyodoshuppan.com/
〒101-0051 東京都千代田区神田神保町1-17
電話03-3233-3741 振替00130-7-270